AF381256

Frank Schamuhn

Entlang des Kolonnenweges
und alter Grenzsteine

Vom Priwall bis zum Ratzeburger See

DerGrenzspaziergang.de 

Bibliographische Informationen der Deutschen Nationalbibliothek:

Die Deutsche Nationalbibliothek verzeichnet diese Publikation in der deutschen Nationalbibliographie. Detaillierte bibliographische Daten sind im Internet abrufbar unter: https://portal.dnb.de

https://DerGrenzspaziergang.de

Texte und Fotos: **Frank Schamuhn**

Gastbeitrag: **Christian Finzel**

Grafiken und Fotos: York Schamuhn/Memmingen, Gerd Wilcken, Manfred Krellenberg, Robert Rumm, Claus Tiedemann, Peter Spellerberg/youtube und pixabay

2. Auflage 2025
ISBN: 978-3-7693-1710-7
Verlag: BoD · Books on Demand GmbH, Überseering 33, 22297 Hamburg, bod@bod.de
Druck: Libri Plureos GmbH, Friedensallee 273, 22763 Hamburg

INHALT

Liebe Grenzinteressierten,

nach den bisherigen Veröffentlichungen **„Die vergessene Grenze am Travemünder Priwall Strand"** und die **„Grenzradtour"** erfolgt nunmehr eine neue Reise mit erweitertem Radius entlang der ehemaligen innerdeutschen Grenze. Das gesetzte Ziel ist es, eine Reise links und rechts entlang des ehemaligen Kolonnenweges mit Interessantem und Wissenswertem in einem **authentischen Erinnerungsraum** darzustellen. Dabei geht es im ersten Teil um den Grenzabschnitt vom **Priwall** bis zum **Ratzeburger See**. In zwei weiteren Teilen werden die Grenzabschnitte vom **Ratzeburger See** bis zum **Schaalsee** sowie vom **Schaalsee** abschließend bis nach **Lauenburg/Elbe** präsentiert. Von der Ostsee bis zur Elbe erstreckte sich der damalige Grenzabschnitt auf insgesamt 136 km.

Auf dieser erneuten Spurensuche werden wieder fachliche Informationen zu den früheren Grenzverhältnissen sowie erwähnenswerten Besonderheiten, wie z.B. dem ehemaligen **„Stasi-Tunnel"** in der Palinger Heide, dem sogenannten **Weißen Haus**, welches durch die Grenzlinie unmittelbar geteilt war oder den geschleiften Ortschaften **Bardowiek** und **Lenschow**, nahe der Grenzlinie im damaligen Schutzstreifen, gegeben.

Im Rahmen eines **Gastbeitrages** wird auf die historischen Grenzsteine (Bodendenkmäler) hingewiesen, die uns auf dem Weg begleiten werden. Denn die Festlegung der innerdeutschen Grenze orientierte sich ab 1945 an den bereits in der Vergangenheit bestehenden Länder- und Provinzgrenzen.

Dieser Exkurs wurde aus dem **archäologischen Blickwinkel** von **Christian Finzel** fachlich beleuchtet und begleitet.

Setzen Sie sich auf Ihr Rad und tauchen Sie auf einer ca. **40km** langen Tour ein in diese interessante Epoche der jüngsten deutsch-deutschen Geschichte direkt bei uns vor der Haustür.

Dabei soll den Leserinnen und Lesern wieder Interessantes und Wissenswertes über die Entstehung und Entwicklung der Grenze sowie **Specials** in Form von grau abgesetzten Hintergrundinformationen vermittelt und dargestellt werden.

Der in diesem Buch dargestellte Inhalt bezieht sich auf überwiegend dienstlich erworbene Kenntnisse sowie auf allgemein zugänglichen Informationen zum diesem Themenkomplex. Das Bildmaterial wurde nach vorliegender Genehmigung verwendet.

Frank Schamuhn

Bundesgrenzschutz und Polizeihauptkommissar a.D., Polizei Hamburg

1 | Geschichte der ehemaligen innerdeutschen Grenze

Nach dem Ende des 2. Weltkrieges wurde das **Deutsche Reich** in den Grenzen von 1937 durch die Siegermächte in zunächst drei und anschließend unter Hinzuziehung Frankreichs in vier **Besatzungszonen** aufgeteilt.

Die ehemaligen Ostgebiete wurden fortan unter polnische bzw. sowjetische Verwaltung gestellt. Diesem Prozess gingen verschiedene Konferenzen der Alliierten bis 1945 voraus. Konsensuales Hauptziel war es, dass zu keinem Zeitpunkt wieder eine kriegerische Gefahr von Deutschland ausgehen sollte. Vor diesem Hintergrund erfolgte die zielstrebige sowie systematische Zerschlagung und somit die

Aufteilung Deutschlands. Dabei erfolgte die neue Gliederung keineswegs willkürlich. Die Alliierten orientierten sich grundsätzlich an bestehenden historischen Grenzen, die bereits früher Länder und Provinzen trennten.

Im Rahmen der Einteilung und des Zuschneidens der anfänglichen Zonengrenzen, haben aber auch nachträgliche **Gebietsaustausche**, z.B. das **Barber-Ljatschtenko-Abkommen**, welches u.a. im Raum Ratzeburg

Anwendung fand und im Sinne einer Flurbereinigung zur besseren infrastrukturellen Versorgung der entsprechenden Besatzungsgebiete zu verstehen war, eine Rolle gespielt. Gleichwohl waren sie die Ausnahme. In einem anderen Fall aus dem Coburger Land in Süddeutschland haben Amerikaner und Sowjets einen dortigen Austausch auf einem **Bierdeckel** verbrieft. Im Fall des Priwalls beispielsweise stießen immer schon Mecklenburg und Preußen aneinander. Und weiterhin sei erwähnt, dass die Halbinsel Priwall im Laufe seiner Geschichte immer ein begehrter Landstreifen für frühere Landesherren, Fürsten und Grafen vor dem Hintergrund seiner strategisch bedeutsamen Lage (militärisch als auch wirtschaftlich) als Eingangstor zur Ostsee war. Einen **Friedensvertrag** hat es bis zum Fall der Mauer 1989 in Deutschland und danach nicht gegeben. Eine vergleichbare Konstellation liegt noch heute im Konflikt zwischen Nord- und Südkorea vor. Bis heute liegt dort lediglich ein Waffenstillstandsabkommen vor. Deutschland unterstand dem sogenannten **Vier-Mächte-Status**. Beide deutschen Staaten entwickelten sich fortan sehr unterschiedlich. Während die Bundesrepublik Bestandteil der **freien** und **westlichen Welt** war, musste sich die Deutsche Demokratische Republik in die **kommunistische** und **sozialistische Weltordnung** eingliedern. Sehr unterschiedliche ideologische und flankierend auch wirtschaftliche Ideologien prallten aufeinander. Dabei profitierte Westdeutschland wirtschaftlich („**Deutsches Wirtschaftswunder**") vom Kapitalismus und Ostdeutschland litt in hohem Maße an den **Reparationen** und den erfolgten **Demontagen** für erlittene Kriegsschäden an die Sowjets. Gleichwohl strebten beide deutschen Staaten die Wiedervereinigung und somit die Vereinigung des gemeinsamen Vaterlandes an. Im Grundgesetz sowie in der DDR-Verfassung wurde dieses Ziel postuliert. Während allerdings in der Bundesrepublik die Vereinigung, verbunden mit dem **Alleinvertretungsanspruch** (Hallstein-Doktrin) aufgrund des größeren Staatsgebietes und Bevölkerungsanteils, bis zur Wende fester Bestandteil im Vorwort zum Grundgesetz (Präambel) war, weichte dieses Ziel der Wiedervereinigung in der DDR-Verfassung im Laufe der Zeit auf. War es in der Verfassung der DDR 1949 sowie 1965 noch integriert, fand es in der späteren Fassung von 1975 keine Erwähnung mehr. Im Ergebnis gab es hinsichtlich der Wiedervereinigung unterschiedliche Auffassungen. Glücklicherweise sollte dieses ab 1989 sein Ende finden.

2 | Bewachte Grenze

Nach den Ereignissen im ersten Halbjahr 1945 übernahmen die Alliierten zügig ihre vertraglich ausgehandelten Besatzungszonen. Die Trennung zwischen den Ländern stellte dabei in den Anfängen die **Demarkationslinie** dar. Darunter versteht man historisch betrachtet eine vorläufige Grenze zwischen Gebieten, die zuvor eine kriegerische und völkerrechtliche Auseinandersetzung geführt haben. Die neu eingerichtete Grenze zwischen der britischen und sowjetischen Besatzungszone im Norden wurde fortan aufgrund unterschiedlicher Militärverordnungen gesichert bzw. bewacht. In der sowjetischen Zone wurde zunächst eine Grenzpolizei nach russischem Vorbild eingesetzt, die im weiteren Verlauf von den Grenztruppen der DDR als militärisches Organ der **Nationalen Volksarmee** (NVA) übernommen wurde.

Der Auftrag der Grenztruppen bestand darin, die **territoriale Integrität** der DDR zu Land, Luft und zu Wasser zu schützen und die **Unverletzlichkeit der Grenze** sowie die **Sicherheit und Ordnung** im Grenzgebiet zu gewährleisten. Der Schutz der Grenze hatte somit **Verfassungsrang**. Politisch war es das Bestreben, Angriffe von außen auf das Gebiet der DDR abzuwenden. Heute wissen wir, dass die Grenztruppen den originären Auftrag hatten, die eigene Bevölkerung an der Flucht in den Westen zu hindern.

Nach dem Verständnis des Autors hätte eine DDR-Grenzbefestigung keine motorisierte Panzerarmee der NATO aufhalten können. Für die Grenztruppen war der Dienst an der Grenze im eigenen Selbstverständnis ein Ehrendienst oder ein **„Frontdienst im Frieden"**. Obwohl nach den Worten des ehemaligen DDR-Staatschefs **Walter Ulbricht** (30. Juni 1893 - 1. August 1973) **„Niemand hat die Absicht, eine Mauer zu errichten"**, sollte ein annähernd unüberwindbares Bollwerk im Laufe der Jahrzehnte entstehen. Auf der westlichen Seite wurden die sicherheitspolitischen Hoheitsrechte von den Briten an die neu gegründeten Bundesländer und deren nachgeordneten Behörden abgetreten. Ursprünglich waren die Länderpolizeien und der Zoll an der Grenze präsent. Aufgrund der zunehmenden grenzpolizeilichen Vorkommisse wurde ab 1951 der **Bundesgrenzschutz** als **Polizei des Bundes** gegründet, der ebenfalls den originären Auftrag bekam, die Sicherheit und Ordnung im Grenzgebiet zu gewährleisten

Hintergrund waren immer wiederkehrende Ereignisse von z.B. Menschenverschleppungen, Schmuggleraktionen, Provokationen, Schusswaffengebräuchen zum Teil mit Todesfolge und illegale Gebietsübertretungen, die permanent zu politischen Spannungen zwischen den beiden neuen deutschen Republiken führten. Der **Bundesgrenzschutz** (BGS), umgangssprachlich auch Grenzschutz genannt, wurde 1951 als paramilitärische Truppe mit **Kombattantenstatus** (Teil der bewaffneten Mächte der Bundesrepublik Deutschland) in **Lübeck** aufgestellt. Anfänglich wollten die Alliierten im Hinblick auf die

Historie Deutschlands jegliche Bewaffnungen in der neuen Bundesrepublik verhindern. Aufgrund der **"Berlin-Blockade" 1948/49** sowie des **Korea-Krieges 1950/53** sollte sich dieses jedoch ändern. Mit der **Himmeroder Denkschrift** wurden Überlegungen hinsichtlich einer Aufrüstung der Streitkräfte angestrengt. Im Jahr 1955 erfolgte dann die Aufstellung der

Himmeroder Denkschrift

Die Himmeroder (Kloster/Eifel) Denkschrift vom 5. Oktober 1950 verbriefte perspektivische Gedanken eines Expertengremiums zur deutschen Wiederbewaffnung. Aufgrund der aktuellen Situation des Kalten Krieges bestanden zum damaligen Zeitpunkt Bedenken, dass die Bundesrepublik Deutschland analog Nordkoreas in Stellvertreterkriege mit der DDR von den Supermächten USA und Russlands hineingezogen werden könnte. Die Bundesländer verfügten ab 1950 lediglich über entsprechende Länderbereitschaftspolizeien, die in den Planungen zur möglichen Abwehr eines konventionellen Angriffes des Ostens nicht ausreichten. Nacheinander wurde der BGS und Bundeswehr gegründet.

Bundeswehr. Politische Bestrebungen gegen eine erneute Wiederbewaffnung oder auch Remilitarisierung gerade vor den gemachten Erfahrungen des jüngsten Krieges wurden somit ad acta gelegt. Zusammenfassend standen sich an der innerdeutschen Grenze bis 1989 eine Polizeitruppe in Gestalt des Bundesgrenzschutzes und ein eigenständiger militärischer Verband (Grenztruppen der DDR) der Nationalen Volksarmee gegenüber.

Neben der personellen **Überwachung** und **Sicherung** (in den Stufen Grenzsicherung, erhöhte- und gefechtsmäßige Grenzsicherung) der Grenze seitens der DDR, spielte die physikalische Sicherung eine große Rolle. Von anfänglich einfachen Grenzbefestigungen in Form von Stacheldrahtzäunen, entwickelte sich der Schutzstreifen (500m) im Grenzgebiet zu einem hochabgesicherten und pioniertechnisch ausgebauten sowie geografisch in der Tiefe **gestaffelten Grenzsicherungssystem**. Hintergrund waren die zunehmenden Massenfluchten der DDR-Bürger, die das Land aufgrund unterschiedlichster Motivationen verlassen wollten. Bis 1961 waren es ca. 3 Millionen DDR-Bürger.

Grenztruppen der DDR (Pioniere) sowie BGS und Zoll an der Demarkationslinie

3 | Priwall

Ursprünglich war der Priwall und Umgebung ein **slawisches Besiedlungsgebiet**. Übersetzt bedeutet der Priwall neben weiteren Interpretationen auch **„Landzunge zwischen den Meeren"**. Konkret bedeutet dieses einen Landstreifen (Nehrungshaken) zwischen der Ostsee (Lübecker Bucht) und der Pötenitzer Wiek (Bucht) und stellt geographisch eine **Halbinsel** dar, mit einer Ausdehnung von ca. 3km Länge und einer Größe von ca. 43 ha.

Einige Schlagworte in der Historie des Priwall sind die **Badekultur** in Travemünde als erstes Seebad neben Norderney und Heiligendamm, **Ferien-** und **Wochenendhaussiedlung**, **Pferderennbahn**, **Flughafen** für zivile und militärische Zwecke im Zusammenhang mit der **Erprobungsstelle-See** sowie **Luftfahrtzeugamt** und **U-Boot-Hafen** während des 2. Weltkrieges.

Nach dem Krieg wurden auf dem Priwall bis 1960 Schiffe auf der damaligen **Schlichting-Werft** gebaut und die **Viermastbark Passat** wurde für immer im Sportboothafen verholt. Aber der Priwall ist vor allem für die integrierte **Tier-** und **Pflanzenwelt** bekannt. Eingerahmt von der Pötenitzer Wiek, der Trave und der Ostsee beherbergt der Süden des Priwall noch küstentypische Lebensräume, die einer Vielzahl gefährdeter Tierarten eine Heimat bieten. Die menschliche Einflussnahme sowie die periodischen Überschwemmungen des Gebietes „zwischen den Meeren" waren und sind auch gegenwärtig treibende Faktoren, die das Mosaik aus den zahlreichen Lebensräumen erst ermöglichen. So existieren auf der Fläche sowohl naturnahe Bruchwälder, ausgedehnte Röhrichtzonen als auch extensiv genutzte Salz- und Feuchtwiesen. Letztere befinden sich im Zentrum der Halbinsel.

3|1 Slawen im Norden

Die regionsnahen Ortsnamen **Teschow**, **Dassow** sowie **Pötenitz** weisen aufgrund ihrer Endungen **-ow und -tz** eindeutig auf ursprünglich mittelalterliche Besiedelungen durch osteuropäische **Slawenstämme** hin. Weitere Beispiele der überwiegend ca. 750 Orte in Norddeutschland sind **Prerow** (Darß/Fischland), **Mechow** (Ratzeburg), **Teltow** (Berlin), aber auch der Fluss **Warnow** bei Rostock. Die slawischen Einwanderungsströme (ostpolnische und ukrainische Gebiete) aus dem Osten wurden durch gute topographische Verhältnisse ohne Hindernisse in der mitteleuropäischen Ebene bis in den **Elberaum** hinein entsprechend begünstigt. Zum einen waren es kriegerische Auseinandersetzungen mit anderen Stämmen, z. B. den Hunnen, zum anderen waren Faktoren des Ausstoßens und des Anziehens der neuen Lebensräume Ursachen für die Wanderungen gen Westen. Hinsichtlich der Behausungen gibt es Erkenntnisse, dass Häuser bzw. Behausungen in Form von sogenannten **Rundlingsdörfern** angelegt waren. Dazu zählen beispielsweise auch die in der nahen Umgebung gelegenen Orte Lüdersdorf, Schattin und Duvennest. Näheres dazu unter **25 | Schattin**.

Die Gewässer, die den Priwall umgaben, waren historisch betrachtet, immer schon von großer Bedeutung für die **Freie** und **Hansestadt Lübeck**. Die Trave sowie deren Mündung waren während der Zeit der Hanse (14. – 16. Jahrhundert) elementar wichtige Handelswege im Wirtschaftsaustausch z. B. mit Skandinavien. Daher erfolgte schon frühzeitig eine entsprechende vertragliche Sicherung der Nutzungs- und Eigentumsrechte an den Gewässern. Dazu gehörten aber auch die traditionellen Nutzungsrechte für die damaligen Lübecker Stadtfischer auf dem **Dassower See** sowie der **Pötenitzer Wiek** (Ausbuchtungsgewässer der Trave).

3|2 Grenzlinie in der Ostsee

Der Priwall war der nördlichste Punkt entlang der ehemaligen innerdeutschen Grenze, an dem die Teilung Deutschlands begann. Das Einzigartige an dieser geografischen Koordinate war, dass zum einen ab hier die ca. 1.400 km **Landgrenze** durch Deutschland (auch das **Grüne Band** genannt) begann und zum anderen aber auch die **Wassergrenze** mitten durch die Lübecker und Mecklenburger Bucht ihren Ursprung nahm. Konkret begannen ab dem Priwall die **Territorialgewässer** der Deutschen Demokratischen Republik (DDR). Wie bereits erwähnt, verlief die Grenze durch die Ostsee. Und das auf einer Gesamtlänge von 182sm (Seemeilen), welches einer Länge von ca. 338km entsprach. Bis 1984 war für die jeweiligen Tiefe (Distanz) der Territorialgewässer beider

Staaten die 3sm **(Seemeilen)**-Zone maßgeblich. Das bedeutete, ein jeweiliger souveräner Staat hatte einen seeseitigen Gebietsanspruch (Rechtsordnung der Ozeane) ab Küsten-Basislinie in Richtung offene See von umgerechnet ca. 5,5km. Bezugnehmend auf das **Seerechtsabkommens der Vereinten Nationen** (United Nations Convention on the law of the sea) vom 10. Dezember 1982 erfolgte jedoch eine Erweiterung der sm-Grenzen und des sogenannten **Festlandsockels.** Fortan definierte die zukünftige Erweiterung eine 12sm-Zone (Hoheitsgewässer), welches einer Distanz von ca. 22km entsprach. Diese modifizierten Freiwasserzonen fanden natürlich in der Lübecker Bucht aufgrund der geografischen Enge ihre „Grenzen", entfalteten sich jedoch weiter in Richtung Nord-Ost und in die süddänischen Gewässer hinein. Der Grenzverlauf wurde mittels Seegrenztonnen und im weiteren Verlauf grob von der **Lübeck-Gedser-Schifffahrtslinie** dargestellt. In diesem Ostseeabschnitt erfolgte die jeweilige Grenzüberwachung durch Kräfte der **6. Grenzbrigade Küste** der Volksmarine der DDR mit Stabssitz in Rostock sowie des **Bundesgrenzschutz See** aus Neustadt/Holstein.

3|3 Ostseefluchten

An dieser Stelle sei bereits erwähnt, dass die Wassergrenze in Bezug auf eine geplante Republikflucht für Fluchtwillige stets verlockend war. Das lag an der Tatsache, dass die Landgrenze ab dem Ort **Steinbeck,** welcher unmittelbar an das **Ostseebad Boltenhagen** angrenzte, und weiter in Richtung Norden nicht mehr im klassischen Sinne pioniertechnisch gesichert war. Der Hauptgrund war dabei, der eigenen DDR-Bevölkerung die Urlaubsgestaltung an der Ostseeküste zu ermöglichen. Gleichwohl wurde durch das

verantwortliche **Grenzregime** die Grenzsicherung durch einen erhöhten und verdichteten Personaleinsatz der Grenztruppen gewährleistet. Unterstützt wurde die gesamtstaatliche Aufgabe der Grenzsicherung durch das **Zusammenwirken der gesellschaftlichen Kräfte**. Die Sicherung der Staatsgrenze hatte in der DDR einen **Verfassungsrang**. Somit verfügte die DDR gerade im grenznahen Raum über einen großen personellen Fundus freiwilliger Helfer, welche die staatlichen Aufgaben aufopferungsvoll und mit einer ideologischen Überzeugung unterstützen. Belohnt wurden diese Dienste durch finanzielle Prämien und Vergünstigungen im Alltag. Hinsichtlich der erfolgreichen als auch der gescheiterten Fluchten wurden an der Ostsee vor allem Paddelboote, Segelboote und Luftmatratzen als Fluchtmittel genutzt. Aber es gab auch Menschen, die die Grenze schwimmend (z.B. Kühlungsborn – Fehmarn -40 km-) über-
winden konnten. In Einzelfällen kam auch ein selbstkonstruierter Aqua-Scooter (Unterwasserziehhilfe) mit dem sogenannten Hühnerschreck-Motor (Hilfsmotor) zum Einsatz. Auch mit einem eigengebauten Mini U-Boot wurde ein Fluchtversuch gewagt, der jedoch abschließend scheiterte. Im Szenario möglicher **Fluchtrouten** stellte somit die Ostsee bis 1989 eine attraktive und vielversprechende Alternative gegenüber der **Mauer um Berlin** sowie der **Grünen Grenze** mit ihrem berüchtigten „Todesstreifen" dar. Die Fluchtvariation mit dem Segelboot war eine häufig genutzte, jedoch oftmals auch unterschätzte Möglichkeit, den Fängen der DDR und dessen Staatsapparates zu entkommen. DDR-behördlich wurden

jedoch bereits hier die ersten Restriktionen gesetzt. Zum Befahren der grenznahen Region war die **Segelgenehmigung PM 18**, erforderlich. Verschiedene und zahlreich gestaffelte Genehmigungen von der Grenzbrigade Küste bis hin zum beruflichen Arbeitgeber waren befristet notwendig, bis diese, bei den Seglern so begehrte Legitimation, ausgestellt wurde. Fluchten sind gelungen, gleichwohl wurde die Mehrzahl bereits in der Vorbereitung oder auf See vereitelt. Die Zahl der Todesopfer, auf diesem Wege die DDR zu verlassen, ist heute nicht exakt bezifferbar. Häufig wurden auch in Dänemark angespülte Wasserleichen nachträglich missglückten Fluchtversuchen von DDR-Bürgern über die Ostsee zugeordnet. Ein entsprechender Abgleich gemeldeter Vermisstenfällen der DDR mit dänischen Behörden gab es seinerzeit nicht. Im Erfolgsfall hätte die DDR diese Fälle als geglückte Republikfluchten international kommunizieren müssen; dieses galt es unter allen Umständen zu vermeiden. Aber auch Fähren auf der Ostsee verhalfen Flüchtlingen durchs Wasser einen erfolgreichen Weg in den Westen.

4 | Grenzsteine

Gastbeitrag Christian Finzel

Die ehemalige DDR-Grenze war ein Resultat des 2. Weltkrieges und der daraus folgenden Aufteilung Deutschlands. Aus verschiedenen, teils pragmatischen Gründen wurden unter anderem östlich von Lübeck bereits vorhandene Kommunal-, und Gebietsgrenzen als Verlauf der neuen Grenze gewählt. So orientierte sich die DDR-Grenze vom Priwall bis zur Wakenitz an der östlichen **Historischen Grenze des Lübecker Landgebiets**, die einst durch die **Lübecker Landwehr** markiert und teilweise gesichert wurde.

Die **Lübecker Landwehr** wurde zwischen 1303 und 1350 aus vorhandenen Gewässerläufen und künstlich angelegten Wall-Graben-Kombinationen errichtet, teilweise von undurchdringlichem Buschwerk begleitet. Daher wird der „nasse" Verlauf auch als **Landgraben** bezeichnet. Bestandteil der

Landwehr war auch die sogenannte **Schwedenschanze** zwischen Herto-
genbeke und Schlutuper Mühlenteich. Die Schanze wurde um die Mitte des
14. Jahrhunderts als Reaktion auf Angriffe aus Mecklenburg mit bis zu 6m
hohen Wällen errichtet. Die Landwehr an sich wurde nicht mit Grenzsteinen
besetzt. Als Ausnahme wurden an der Südgrenze des Gutes Padelügge zum
Landgraben 1770-1772 Scheidesteine gesetzt, die aber aus der komplizierten
„innerlübschen" Situation resultieren, dass das für die Errichtung des Land-
grabens abzutretende Land mit Rechten und
Pflichten sich teilweise auch heute noch im
Besitz der Parcham´schen Stiftung befindet,
der Eigentümerin des Gutes Padelügge.
Diese (in anderen Beschreibungen auch als
Grenzsteine bezeichneten) Scheidesteine
markieren also innerhalb Lübecks die
Grenze zwischen dem Landgraben und dem
von der Gutswirtschaft genutzten Land.
Nach dem Möllner Rezess von 1747 wurde
die südliche Lübecker Landgrenze vom
Landgraben nach Süden verschoben. Um die
Grönauer Heide, bei Beidendorf und bei

Bliestorf wurde die neue Grenze mit unterschiedlichen Grenzsteinen besetzt. Im Norden wurde nach dem **Reichsdeputationshauptschluss** von
1803 die Grenze zwischen der Stadt Lübeck und Oldenburg (Fürstentum
Lübeck) neu festgelegt. Danach wurden zwischen Brodten/Niendorf, Wald-
husen und dem Tremser Teich ebenfalls Grenzsteine gesetzt. Weitere
Grenz-, Flur- und Scheidesteine wurden im Lübecker Stadtgebiet sowie um

Güter und ehemalige Lübecker Exklaven gesetzt. Von ehemals einigen hundert Steinen existieren heute noch **ca. 200 Steine**, die teilweise durch Versinken, Bewuchs und unkundiges Entfernen oder Beschädigen bedroht sind. Es wurden aber auch bisher nicht bekannte und bereits verschwundene Steine in den letzten Jahren wiedergefunden und sind noch „zu erwarten". Ich selbst dokumentiere und suche diese wertvollen Zeugnisse alter Grenzverläufe, die früher auch als „**Steinerne Urkunden**" betrachtet wurden, seit einigen Jahren in Zusammenarbeit mit dem Bereich Archäologie der Hansestadt Lübeck. Auf der **Halbinsel Priwall**, um deren Besitz bzw. Zugehörigkeit seit dem **Reichsfreiheitsbrief** Kaiser Friedrichs II. von 1226 immer wieder gestritten wurde, verlief die DDR-Grenz auf der historischen Land-Grenze des Priwalls, die auch heute wieder die Grenze zwischen dem zu Lübeck (in Schleswig-Holstein) gehörenden Priwall und Mecklenburg-Vorpommern darstellt. **Drei Grenzsteine** wurden 1803 nach dem Reichsdeputationshauptschluss auf diesem schmalen Landzugang zwischen Pötenitzer Wiek und Ostsee gesetzt und 1860 nach deren Beschädigung und Zerstörung erneuert. Danach haben die Steine mit dem **Lübecker Wappen** und dem **Mecklenburger Ochsenkopf** die nachfolgenden Zeiten und die DDR-Grenze unbeschadet überstanden. Wie bei anderen historischen Grenzsteinen wurden als „Zeugen" unter den Steinen (meist wenige Dezimeter tiefer) Kohlestücke gelegt. Diese (auch sogenannte „Markstein")

Zeugen konnten auch Scherben, Münzen und spezielle Tonmarken sein. Bei **Lübeck-Schlutup** folgte die DDR-Grenze von der Trave bis zum Schwarzmühlenteich einem bereits 1167 von Heinrich dem Löwen entworfenen und 1230 zwischen Lübeck und Bischof Gottschalk von Ratzeburg festgelegten Grenzverlauf. **Nur in diesem Bereich** wurde die Grenze nach Streitigkeiten 1878 erneut festgelegt und 1879 mit **15 Grenzsteinen** markiert, von denen 12 auf bereits vorhandene ältere Grenzhügel gesetzt wurden. Von diesen Steinen mit den Buchstaben **L Ü** (für Lübeck) und einer Zahl gegenüber **S T** (für Strelitz) und Zahl haben mindestens **sechs** heute noch bekannte Steine die nachfolgenden Zeiten überstanden. **Stein 1** stand im Auslauf des Schwarzmühlenteichs, auf dem sich zu DDR-Zeiten später Grenzbojen befinden sollten. Vom **Schwarzmühlenteich** bis zur **Wakenitz** bei Groß Grönau folgte die DDR-Grenze dem **Lübecker Landgraben** sowie entlang der Wakenitz bis Groß Grönau der nach 1747 nach Süden verlängerten Ostgrenze des Lübecker Landgebiets. An dieser Stelle wird daruaf hingewiesen, dass sich die Steine im Bereich Schlutup zum Teil auf **Privatgrundstücken** befinden. Neben diesen historischen Grenzsteinen wurde die gesamte Grenzlinie zwischen beiden deutschen Staaten von der gemeinsam eingerichteten **Grenzkommission** mit Grenzmarkierungsteinen dargestellt.

5 | Wasserrettung in der Lübecker Bucht

Da Travemünde an der Ostsee liegt und traditionell touristisch stark frequentiert war und ist, spielte auch das Thema **Wasserrettung** bzw. **Erste Hilfe** bei Unglücksfällen sowie Havarien eine bedeutende Rolle in der Vergangenheit und in der Gegenwart. Aber neben der Betreuung des Ostseebadeortes wurden beispielsweise im Lübecker Bereich auch an den Wochenenden Unfallhilfsstellen durch die Rettungsschwimmer der Wasserwacht an der **Herrenbrücke** (damals noch Drehbrücke) und am **Stülper Huk** (Dummersdorfer Ufer) betrieben. Grundsätzlich wurde die Aufgabe der Wasser-

rettung von der Deutschen **Lebens- und Rettungsgesellschaft** (DLRG) sowie dem **Deutschen Roten Kreuz** (DRK) jeweils unabhängig voneinander wahrgenommen. Das Ende des Krieges im Mai 1945 hatte u. a. zur Folge, dass von den Alliierten sämtliche Verbände, Vereine und Organisationen ausnahmslos aufgelöst wurden. Während das DRK 1945 die Arbeit wieder aufnehmen durfte und in diesem Zusammenhang die **Wasserwacht des DRK Kreisverbandes Lübeck** zwei Jahre später, folgte die DLRG schlussendlich im Jahr 1948. Interessant an dieser Stelle, dass die ersten Gespräche zur Neugründung des DRK-Verbandes Lübeck in einer Kneipe in der Lübecker Mühlenstraße stattfanden. Gegenseitige Bemühungen, die beiden Organisationen zusammenzuschließen, um somit Kräfte für einen koordinierten Einsatz zur Bekämpfung des **„Nassen Todes"** zu bündeln, scheiterten stets. Letztendlich wurde die Wasserrettung von der **Wasser-**

wacht, einer Unterorganisation des DRK, ausschließlich auf dem Priwall übernommen, während die DLRG auf der Travemünder Festlandseite zuständig war. Den rechtlichen Rahmen für diese Aufgabenwahrnehmung wurde durch das **Genfer Rot-Kreuz-Abkommen** abgebildet.

Aufgrund der Besonderheit der innerdeutschen Grenze auf dem Priwall, gab es mit den zuständigen DDR-Behörden bezüglich der Wasserrettung bilaterale Absprachen. Protokollarisch musste beispielsweise beim Überqueren

der Grenzlinie mit dem Rettungsboot die **Bundesflagge** (Adenauer) eingeholt und entsprechend gegen die **Rot-Kreuz-Flagge** ersetzt werden. Aus dem Tagebuch eines leitenden DRK-Wasserwachtmitarbeiters zur damaligen Zeit ist bekannt, dass bundesdeutsche Surfer, die sich am „DDR-Strand", d.h. auf dem Hoheitsgebiet der Deutschen Demokratischen Republik, gelegentlich ausruhten (sonnten) von den Grenztruppen ohne board zurückgewiesen wurden. Das board konnte anschließend gegen eine entsprechende **Gebühr**, natürlich in D-Mark, an der Grenzübergangsstelle Selmsdorf wieder in Empfang genommen werden. Oftmals war jedoch die Gebühr so hoch, dass das board den DDR-Behörden „freiwillig" überlassen wurde. Weiterhin wurde der Landeinsatz von DRK-Personal mit

Einsatzkleidung (roter Overall) auf DDR-Gebiet durch die Grenzorgane für die jeweilige Einsatzdauer geduldet. Weiterführende Anweisungen wurden dennoch eher selten über die Lautsprecheranlage des nahegelegenen DDR-Beobachtungsturmes kommuniziert. In den Fällen, in denen Havaristen das östliche Territorium noch nicht betreten hatten, wurden diese von der Wasserwacht wieder in den Westen und somit in bundesdeutsche Territorialgewässer gezogen. Zusammenfassend waren jedoch immer Bundesbürger bzw. Touristen am Strand die Initiatoren der Einsätze. Interessant in diesem Zusammenhang, dass es ab 1955 gegenseitige Besuche der DRK-Wasserwacht mit dem Wasserrettungsdienst des DRK-Ost in Rostock gab, die zum gegenseitigen Erfahrungsaustausch dienten. Die Einladungen und Besuche wurden häufig an der Grenzübergangsstelle Selmsdorf durchgeführt. Dabei ging es inhaltlich um Themen hinsichtlich des jeweiligen Ausbildungs- und Ausrüstungsstandes sowie technischen Fragen und den Umgang mit See-Notfällen im Grenzgebiet. Aus persönlichen Berichten geht hervor, dass die Kontakte bis 1970 häufig waren, jedoch danach spürbar abebbten. Gleichwohl wurden persönliche Kontakte weitergepflegt.

DRK-Fahrzeugkolonne auf dem Weg in die DDR

6 | Militärfliegerei auf dem Priwall und Umgebung

Neben den bereits erwähnten „Schlaglichtern" auf dem Priwall hatte die Halbinsel aufgrund seiner strategischen Lage eine besondere Bedeutung für die Fliegerei und hier insbesondere für die militärische Luftfahrt. Neben der **Erprobungsstelle See** (E-Stelle), die auf dem Priwall ansässig war, gab es eine weitere Dienststelle auf mecklenburgischem Gebiet, die eine Schlüsselrolle im Kontext der damaligen Luftwaffe im Dritten Reich einnahm. Während von der E-Stelle die praktischen Versuche mit den entsprechenden Flugkörpern realisiert wurden, fungierte das in den Jahren 1936/37 aufgebaute **Luftzeugamt** mit der Amtsbezeichnung **2/XI (See) Travemünde-Pötenitz** damals als Verbindungsstelle zwischen der zivilen und militärischen Luftfahrt als eine Art Ausrüster, Umrüster und auch Logistiker. Das Luftzeugamt versorgte die Erprobungsstelle mit allem, was für die Entwicklung des Flugbetriebes erforderlich war. Dieser **militärische Hotspot** stand u.a. auch im Zusammenhang mit dem Bau des ersten deutschen **Flugzeugträgers** in Kiel im Jahr 1936, des-sen zukünftige (Wasser)-Flugzeuge hier auf dem Priwall konzipiert und entwickelt wurden. Der Träger mit dem Namen **Graf Zeppelin** erfuhr nach seinem Bau einen schicksalhaften Werdegang und wurde letztendlich nie in Dienst gestellt. Noch heute ruht das Schiff auf dem Grund der Ostsee in der **Danziger Bucht**.

Im Hinblick auf die speziellen Landungen von Flugzeugen auf Flugzeugträgern wurden eigens Luftlandedecks auf dem Priwall zur geschützten Pötenitzer Wiek aufgebaut, um die entsprechenden Lande- und Starttechniken

zu erproben. Im Zusammenhang mit den militärischen Anlagen befanden sich auf dem Gelände des Priwalls kurz vor der Landesgrenze ein **Lager für Zwangsarbeitern**. In Baracken waren ca. **480 ausländische Arbeitskräfte**

untergebracht. Weitere Lager befanden sich im Bereich des Luftzeugamtes. Diese Liegenschaften wurden ab 1947 von den sowjetischen Besatzern vollständig gesprengt und Verwertbares demontiert. Bis 1945 war das gesamte Areal mit Werkshallen, Unterkünften, Bunkeranlagen und diversen technischen Gebäudeteilen versehen. Auch ein Verladebahnhof mit einem flankierenden Streckennetz von ca. 8 km Bahngleisen waren vorhanden. Weiterhin verfügte die Dienststelle über einen eigenen Schießplatz zum Kalibrieren der Bordwaffen. Noch heute sind vereinzelnt Ruinenreste, die von der Natur vereinnahmt wurden, im Gelände auffindbar. Direkt nach der Kapitulation waren die Briten zunächst im westlichen Mecklenburg bis nach Wismar vorgedrungen. Anschließend zogen sie sich gemäß den vertraglichen Vereinbarungen der **Potsdamer Konferenz** zurück und besetzten neben Schleswig-Holstein auch die Bundesländer Hamburg, Niedersachsen, Hessen sowie Nordrhein-Westfalen.

7 | Johannstorf als Filmkulisse

Weiter entlang des Kolonnenweges in Richtung Süden erreichen wir die kleine Ortschaft Johannstorf. Aus einem ehemaligen Rittergut entstand im

17. Jahrhundert das dortige **Herrenhaus** und **Wasserschloss** sowie die dazugehörigen Hof- und Wirtschaftsgebäude. Von 1782 – 1945 erfolgte eine landwirtschaftliche Bewirtschaftung, bis der Komplex nach dem Krieg enteignet und in eine landwirtschaftliche Produktionsgemeinschaft (LPG) der DDR-Volkswirtschaft eingegliedert wurde. Weiterhin ist erwähnenswert, dass an diesem Ort auch der Film **„Das weiße Band"** aus dem Jahr 2009 zum Teil abgedreht wurde. **Eine deutsche Kindergeschichte** ist die Darstellung eines Dorfes im protestantisch-wilhelminischen Norddeutschland (fiktiv: Dorf Eichwald) vor dem Ausbruch des Ersten Weltkrieges. Der **österreichische Regisseur Michael Haneke** stellt dabei sehr eindrucksvoll das Leben einer

Dorfgemeinschaft dar, welche von einem ausgeprägten Dominanz-, Demütigungs- und Machtmissbrauch einzelner Dorfpersönlichkeiten über die Dorfbevölkerung geprägt ist. Die dramatischen Ereignisse werden durch die **schwarz-weiße Darstellung** des Filmes wirkungsvoll in Szene gesetzt.

Eine Warner Brothers Produktion, deren Außenaufnahmen zum Teil in **Johannstorf**, Brandenburg sowie Sachsen aufgenommen wurden. In dem Film stellt das Wasserschloss Johannstorf den Wohnsitz des Barons (gespielt von Ulrich Tukur) dar. Insgesamt ein sehr sehenswerter Film, der ursprünglich in Farbe gedreht wurde, aber abschließend in schwarz-weiß ausbelichtet wurde.

Das Synonym des weißen Bandes steht für die menschliche Unschuld.

8 | Dassow

An dem Ortsnamen Dossow ist wieder erkennbar, dass dieser slawischen Ursprunges ist. Erstmals urkundlich erwähnt wurde der Ort im Jahre 1219. Markant an der Ortschaft ist die **Stepenitz**; ein Nebenfluss der **Trave**. Eine Brücke (**Drei-Herren-Brücke**) überspannt die Stepenitz direkt neben dem repräsentativen Speichergebäude. Bis zum Jahr 1918 trafen hier drei Grenzen unmittelbar aufeinander. Während der linke Uferbereich zum Herzogtum Lauenburg gehörte, lag der gegenüberliegende Uferstreifen in Mecklenburg-Strelitz. Der Dritte im Grenzverbund war die Hansestadt Lübeck mit dem Dassower See. Aber auch die Pötenitzer Wiek gehörte als flussgeologische Ausdehnung der Trave seit dem 12. Jahrhundert zu den Lübschen Gewässern.

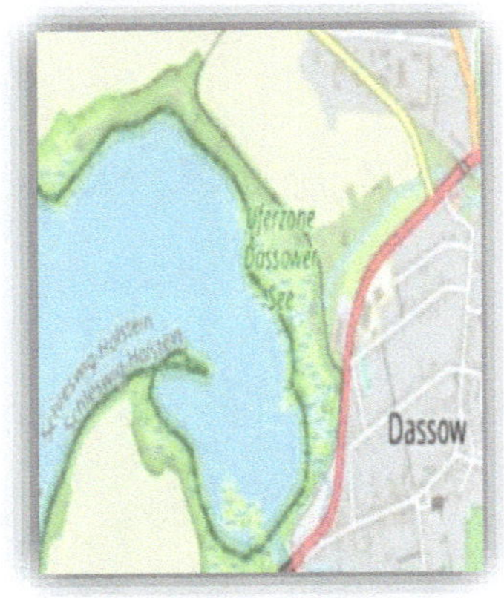

Bis zum 13. August 1961, mit Unterbrechungen von 1945-1952, war es den DDR-Fischern aus Dassow somit erlaubt, über die Trave und um den Skandinavienkai herum die Ostsee und dann die ostdeutschen Territorialgewässer vor Mecklenburg zu erreichen sowie zu bewirtschaften (Befischen). Aber auch auf dem „hauseigenen" Gewässer des Dassower Sees durften die Dassower fischen. Nach diesem prägnanten Datum des Mauerbaus wurden diese Genehmigungen untersagt und die Fischer mussten fortan von Wismar ihrem traditionellen Handwerk nachgehen. Mit Straßentrailern wurden die acht Fischerboote in die Hansestadt an der Ostsee verbracht und die Fischer wurden fortan Pendler zu den neuen Arbeitsplätzen.

Da Dassow unmittelbar an die bundesdeutschen Gewässer angrenzte und die DDR-Wohnbevölkerung somit einen ungehinderten Blick in den kapitalistischen Westen hatte, wurde dieser Ausblick mittels einer Mauer unterbunden. Als Vorbild diente damals die Berliner Mauer, die den Bewohnern

von Dassow als Sichtblende direkt vor die „Nase" gesetzt wurde. Gleichwohl haben im Bereich des Dassower Sees mehrere Fluchten zum Teil erfolgreich stattgefunden. Flüchtlinge, die nach Überwinden der Sperranlagen den See erreichen konnten, wurden von westdeutschen Fischern, die sich zufällig vor Ort befanden, aufgenommen. Andere durchtauchten das damalige Sperrgitter der Stepenitz (Drei-Herren-Brücke), um in den zur Bundesrepublik gehörenden Dassower See zu gelangen. Aber auch viele Fluchten endeten tödlich. Nicht zuletzt, weil die Grenzsperranlagen vom Grenzregime nach geglückten Fluchten stets „optimiert" und angepasst wurden. Neben den offiziellen Staatsorganen halfen aber auch **Freiwillige Helfer** z.B. der **Volkspolizei** und **Grenztruppen** bei dieser gesamtgesellschaftlichen Aufgabe des Schutzes der Staatsgrenze. Diese „Freiwilligenverbände" hatten feste Dienstpläne und wurden für ihre Unterstützungsdienste mit Geldprämien, Verdienstorden sowie privilegierten Geschenken z. B. einer begehrten Eintrittskarte für ein Fußballspiel belohnt. Alle Bewohner in der Sperrzone in Nähe zur Ostsee durften den eigenen Strand vor der Tür nicht betreten. Aus diesem Grund wurden in einem verstärktem Maße **Freibäder** in diesen grenznahen Orten eröffnet.

9 | Teschow zwischen den Zäunen

Die unmittelbare Grenzregion zur Bundesrepublik Deutschland wurde im Rahmen der erforderlichen Grenzmaßnahmen vom Grenzregime der DDR gestaffelt gesichert. Ab dem eigentlichen Grenzverlauf, der mit entsprechenden Grenzsteinen dokumentiert war, begann der **Schutzstreifen** in einer geländeanhängigen Tiefe von ca. **500m**. In diesem Areal befanden sich sämtliche pioniertechnischen Grenzsicherungen. Dieser Geländestreifen, der auch das **„Grüne Band"** genannt wird, wurde von einem vorderen (einreihiger Metallgitterzaun bzw. Grenzzaun 1) und einen hinteren Zaun (Grenz- und Signalzaun bzw. Grenzzaun 2) umschlossen. Im Fall des Ortes Teschow

war es nun die Besonderheit, dass der kleine Ort genau zwischen den beiden Zäunen lag. Das bedeutete, dass das Dorf regelrecht eingeschlossen war. Organisatorisch konnten die Bewohner durch Durchlassstellen im hinteren Zaun zu jeweils definierten

Zeiten in dem Ort ein- und ausfahren. Außerhalb der „Öffnungszeiten" war bis 1989 kein nutzbarer Zugang. Spezielle Zugangsberechtigungen waren demzufolge erforderlich, die in Ausweispapieren bzw. Passierscheinen dokumentiert waren. Ganz konkret besaßen die Einwohner eine Genehmigung für die Sperrzone und eine zusätzlich für den äußerst sensiblen Schutzstreifen. Diese Besonderheit gipfelte in einem Fall eines Einsatzes für einen alarmierten Arzt, der ebenfalls nicht selbständig in den gesicherten Bereich einfahren durfte, sondern von der Volkspolizei entsprechend eskortiert wurde.

Grünes Band

Das Grüne Band als gesamtdeutsches **Naturschutzgebiet** ist ca. 1400 km lang und hat eine Fläche von ca. 177 qkm. In der Ausdehnung erstreckt es sich zwischen dem Travemünder Priwall Strand und dem bayerischen Hof. Es stellt insgesamt einen großen und zusammenhängenden **Biotopverbund** (Lebensräume) dar, der das Überleben von Arten (Artenvielfalt) sichern und garantieren soll. Heute werden in dem ehemaligen „Todesstreifen" mehr als 1.200 seltenen gefährdeten Tier- und Pflanzenarten gezählt.

10 | Grenzsicherung vor Ort

Im Zusammenhang mit der Gründung der beiden deutschen Staaten im Jahr 1949 erfolgten von der DDR aufgrund der einsetzenden Massenfluchten in Richtung Westen erste Grenzsicherungsmaßnahmen. Zunächst waren es einfache Sicherungsmaßnahmen, beginnend mit Maschendrahtzäunen und entsprechenden Hinweisschildern, die jedoch ständig den wachsenden Anforderungen angepasst und verstärkt wurden. Bis zum Ende der DDR gab es Planungen hinsichtlich einer **High-Tech-Grenze**.

Diese wurden von dem verantwortlichen Grenzregime sukzessiv auf- und ausgebaut. Neben dem gestaffelten pioniertechnischen Ausbau der Sperranlagen kam u.a. auf dem Priwall direkt am Strand auch eine **Hundelaufanlage** zum Einsatz. Physikalisch wurde eine Laufleine mit einer Länge von ca. 300m am Strand in Form einer Stahltrosse aufgestellt.

An den jeweiligen Enden der Seilanlage waren Halterungen mit einem Zweibein angebracht. An dem Stahlseil war dann eine Seilrolle mit entsprechenden Karabinerhaken befestigt, wo jeweils die Hunde mit Kurzketten eingehängt waren. Die Betreuung und Fütterung der Tiere oblag dem zuständigen Grenzbataillon. Grundsätzlich hatten die Hunde die Aufgabe, bei der Annäherung von Flüchtlingen, entsprechend anzuschlagen.

Dort waren sechs Hunde mit einem individuellen Bewegungsradius berührungslos angeleint. Seitens der eingesetzten Hunderassen wurde von den Grenztruppen der DDR auf den **Deutschen Schäferhund** zurückgegriffen. Diese Rasse hatte sich im Laufe der Deutschen Geschichte als Schutzhund bewährt. Aber auch **Rottweiler, Kaukasen** und **Riesenschnauzer** kamen zum Einsatz.

Hybridhunde im Grenzeinsatz

Diese Versuche hatten ab 1955 ihren Ursprung in der ehemaligen CSSR. Dort wurden erfolgreich Kreuzungsversuche zwischen dem Deutschen Schäferhund und dem Tschechoslowakischen Karpatenwolf durchgeführt. Ziel sollte es sein, die positiven Eigenschaften beider Rassen miteinander zu kombinieren und den **Hybriden** für extreme Witterungsbedingungen im Dienst zu konditionieren. Nach mehreren Zuchtgenerationen war der **Tschechoslowakischen Wolfshund** für den Militärdienst geeignet. Gleichwohl konnte später eine gewisse Scheuheit sowie Unterschiede im Hinblick auf die Lernwilligkeit gegenüber den dominant-etablierten Schäferhunden festgestellt werden. Das Projekt wurde später aufgrund des zu hohen Aufwandes eingestellt.

Um diesen eingesetzten Hunden stets ein omnipräsentes Aggessionspotenzial abzuverlangen, wurden tierärztliche Versuche unternommen. Ziel war es dabei, Einfluss auf die DNA der Tiere zunehmen. Dieses konnte durch erfolgreiche Kreuzungen der Schäferhunde mit Wölfen gewährleistet werden. Nach dem sukzessiven Abbau der Grenzsperranlagen ab 1990 wurden die bis dato eingesetzten Hunde überflüssig. Die Mehrzahl der Tiere wurde privat vermittelt, einige auch an Tierschutzorganisationen im In- und Ausland vermittelt. Spezialhunde konnten auch in den Länderpolizeien eine neue Verwendung finden. Aber auch viele dieser **„Trassenhunde"** konnten final nicht vermittelt werden und mussten aufgrund des Alters sowie Erkrankungen und Verhaltensauffälligkeiten eingeschläfert werden.

11 | Gedenkstein Siegfried Apportin

Entlang des Kolonnenweges durch den östlichen Waldstreifen der Palinger Heide ist ein Gedenkstein für den getöteten Ost-Grenzer **Siegfried Apportin** (30. November 1930 - 2. Juli 1950) aufgestellt. Neben mehreren früheren Aufstellorten hat er vorerst hier seinen letzten Stellplatz gefunden. Zusammen mit seinem Grenzkameraden Knöpke versah Apportin am 2. Juli 1950 Nachtdienst an der damaligen Zonengrenze zur Bundesrepublik. Gegen 21.30 Uhr wurde Ap-

portin von seinem in den Westen flüchtenden Kameraden erschossen. Volkspolizeianwärter Knöpke wurde anschließend vom Landgericht Lübeck wegen des Tatvorwurfes der fahrlässigen Tötung zu einer dreimonatigen Gefängnisstrafe verurteilt. Neben einer Vielzahl von Republikfluchten, die jeweils gelangen oder scheiterten, versuchten auch immer Grenztruppenangehörigen das Land zu verlassen. Diese Militärangehörigen kannten sich im Grenzabschnitt aus und waren mit den allgemeinen Verhältnissen und Begebenheiten im Schutzstreifen sowie der Sperrzone vertraut. Gleichwohl wurde bei der Auswahl und Rekrutierung der Truppenangehörigen darauf geachtet, dass diese stets heimatfern eingesetzt wurden. Ein ständiges Misstrauen der eingesetzten Soldaten untereinander und insbesondere bei der Zusammensetzung der entsprechenden Postenpärchen wurde von den Dienstvorgesetzten angestrebt. Eine Überprüfung der politischen Zuverlässigkeit und einer ausgeprägten Staatstreue waren obligatorisch. Dennoch ist heute bekannt, dass das **Ministerium für Staatssicherheit** (MfS) auch bis in die feinsten Gliederungen der Armee vorgedrungen war. U.a. auch, um frühzeitig von geplanten Grenzfluchten Kenntnis zu erlangen und anlassbezogen entsprechende Gegenmaßnahmen ergreifen zu können.

Neben dem Fall Apportin ist auch die bekannte Fluchtaktion i.S. **Weinholt** erwähnenswert. **Werner Weinholt** (8. August 1949 – 2. Mai 2024) war zu DDR-Zeiten ein NVA-Soldat, der beim Desertieren und anschließender Republikflucht zwei Angehörigen der DDR-Grenztruppen, die dessen Flucht verhindern wollten, erschoss. Weinholt gelang die Flucht in den Westen und wurde hier durch bundesdeutsche Gerichte angeklagt. Parallel wurde er in der DDR steckbrieflich gesucht. Das Landgerecht Essen sprach ihn erstinstanzlich frei. Aufgrund einer eingereichten Revision wurde er schließlich zweitinstanzlich wegen Todschlages in zwei Fällen zu fünfeinhalb Jahren Freiheitsentzug bestraft. Der ursprüngliche **Rechtfertigungsgrund der Notwehr**, den er gegen die auf ihn schießenden DDR-Grenzern geltend machte, wurde abschließend verworfen. Hintergrund des Prozesses in der Bundesrepublik war der juristische Grundsatz der **stellvertretenden Strafrechtspflege**. Inhaltlich bedeutet dieses, das Straftaten, die in der DDR begangen wurden und auch in der Bundesrepublik als Straftaten eingestuft waren, stellvertretend abgeurteilt werden konnten. Weinholt lebte bis zu seinem Lebensende im Rhein-Ruhr-Gebiet. Seitens der Staatssicherheit der DDR wurde die Ermordung Weinholts als Vergeltungsaktion über viele Jahre hinweg geplant. Zur Ausführung kam es jedoch nicht. Analog dazu sei auch das Schicksal des ehemaligen **DDR-Auswahlspielers Lutz Eigendorf** (6. Juli 1956 - 7. März 1983) erwähnt. Dieser hatte sich während eines

Freundschaftsspieles von seiner Fußballmannschaft BFC Dynamo Berlin 1979 gegen den 1. FC Kaiserslautern in den Westen abgesetzt. Nach mehreren erfolgreichen Profijahren bei namhaften bundesdeutschen Fußballvereinen kam er bei einem omi-nösen Verkehrsunfall im Raum Braunschweig ums Leben. Der Fall Eigendorf wurde damals vom MfS unter den Vorgangsnamen „Rose" und „Verräter" geführt. Konkrete Hinweise auf einen Mordauftrag konnten jedoch abschließend von der Staatsanwaltschaft nicht ermittelt werden. Vergleichbare Parallelitäten gab es auch in dem Fall des **Bernd Böttcher**, der im September 1968 mittels eines eigengebauten **Aqua-Scooters** die DDR über die See, mit einer zurückgelegten Distanz von 12 sm, verließ. Diese spektakuläre Flucht gelang ihm durch den heimlichen Bau einer Unterwasserziehhilfe (Wasserschlitten) in der Nähe von Dresden analog einem Torpedo. Somit konnte er die lange vorbereitete Flucht vom Strand der Ortschaft **Graal-Müritz** über die Ostsee bis zum **Feuerschiff Gedser Rev** in **5** Std. erfolgreich abschließen. Jahre später kommt Böttcher bei einem Tauchurlaub in Spanien jedoch auf rätselhafte Weise ums Leben.

12 | Grenzkompanien an der Frontlinie

Die Grenztruppen der DDR, die originär für die Grenzsicherung im Grenzgebiet zuständig waren, wurden in kleinen Einheiten (Grenzkompanien) in unmit-

telbare Nähe der Staatsgrenze zur Bundesrepublik Deutschland eingesetzt. In **Selmsdorf** war bis 1989 die **2. Grenzkompanie des 6. Grenzregimentes** ansässig. Dort versahen bis zu 100 Soldaten ihren „Friedensdienst" zum kapitalistischen Ausland. In diesem Kasernenkomplex waren zusätzlich die Einheiten angegliedert, die der **Grenzübergangsstelle**

(GüSt) **Selmsdorf** ihren Abfertigungsdienst versahen. Aufgrund spezieller fachlicher Anforderungen (Fahndungsbevollmächtigte) handelte es sich um Angehörige des MfS, die in Uniformen der Grenztruppen an der Grenze tätig wurden. An diesem Übergang verlief die damalige **Transitstrecke**

der **F 105**, als Straßenverbindungsstrecke zwischen Ost und West. Auf westdeutscher Seite schloss sich die Grenzübergangsstelle Schlutup an. Im Jargon der Staatssicherheit der DDR wurde diese westdeutsche Dienststelle des Bundesgrenzschutzeinzeldienstes (GSE) und des Zolls auch **„Feindobjekt Trave"** bezeichnet. Eine Besonderheit stellte das sogenannte **Weiße Haus** dar, welches direkt auf der Grenzlinie stand. Briten und Russen einigten sich

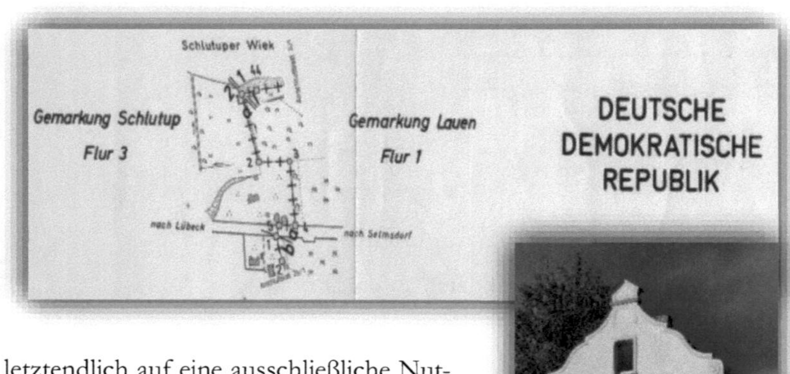

letztendlich auf eine ausschließliche Nutzung durch die britischen Besatzungsmitglieder. Besetzt wurde das Haus von schottischen Einheiten der britischen Armee. Dies geschah im Rahmen von Gebietstauschen, die vereinzelt in der Grenzregion durchaus vorkamen. Dieser Abschnitt des Transitstrecke erlangte durch die Mülltransporte (Mülltourismus) zur **Deponie Schönberg** medienwirksame Aufmerksamkeit. Ab 1979 wurde die Anlage auf dem **Ihlenberg** zu einer der größten Sondermülldeponien in Europa. Aufgrund der Nähe von ca. 14km zur Hansestadt Lübeck wurde stets eine Gefährdung des Grundwassers (Abdichtung der Anlage) in der Region befürchtet. Für die DDR war die Deponie ein Garant für eine permanente und lukrative Deviseneinnahme. Somit war dieses Projekt eines von vielen der **Abteilung Kommerziellen Koordinierung** (KoKo) des Ministeriums für Außenhandel der DDR, womit die klammen Staatskassen gefüllt werden konnten. Aber in der Palette der Devisenbeschaffung spielte die Einrichtung der früheren **Intershops** (Einzelhandelskette der DDR) für die DDR eine nicht unbedeutende Rolle. Einer dieser Intershops existierte bis 1989 nahe der GüSt Selmsdorf an der F 105 kurz vor den Toren Lübecks. Durch den verwandtschaftlichen Briefverkehr zwischen Ost und West war

bekannt, dass neben handelsüblichen Genussmitteln aus dem Westen (z. B. Kaffee, Schokolade) auch westdeutsches Bargeld „rübermachte". Diesen Umstand zur Kenntnis genommen, entwickelten die Devisenbeschaffer der DDR entsprechende Strategien, die ein legales Abschöpfen der **Valuta** (Westgeld im Sprachgebrauch der DDR) im eigenen Land ermöglichte. Mit Schaffung und Einrichtung der Intershops konnte nunmehr die DDR-Bevölkerung Westprodukte gegen Westgeld sowie den sogenannten Forumschecks kaufen. Die Mark der DDR war damals eine **Binnenwährung** und im internationalen Geldverkehr nicht konvertierbar. Die Intershops waren somit ein **„Schaufenster des Westens"** mit zollfreien Importwaren aus dem kapitalistischen Ausland.

13 | Ortsumgehung Lübeck-Schlutup

Begünstigt durch die Wiedervereinigung konnte die Hansestadt Lübeck zusammen mit dem Landkreis Mecklenburg-Vorpommern die lang geforderte Ortsumgehungstrasse Schlutup im Rahmen der B 104 mit einer Gesamtlänge von knapp 2 km realisieren. Insgesamt konnte die 30-jährige Planung am 14. August 1991 finalisiert werden. Die neue Trasse sollte zu einer erheblichen Entlastung des Stadtteiles Schlutup führen. Neben der verkehrlichen Entlastung erhielten auch die Amphibien eine entsprechende Tunnelquerung.

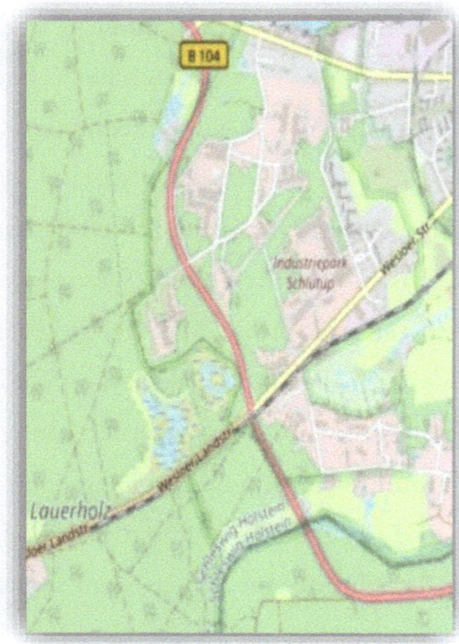

14 | Schwarzmühlenteich

Bei dem Schwarzmühlenteich handelte es sich um ein Gewässer, welches durch **Grenzbojen** geteilt war. Die Grenzlinie ging somit direkt durch den See. Eine analoge Situation gab es z.B. damals auch auf dem **Schaalsee** (14,3 km Länge in Nord-Süd-Richtung) im **Herzogtum Lauenburg**.

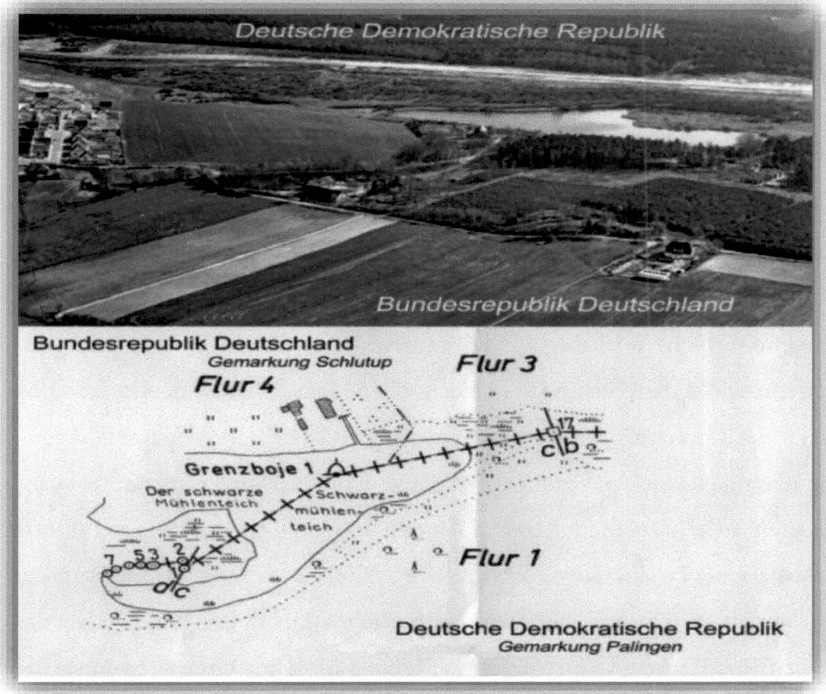

Der Schwarzmühlenteich hat eine Größe von ca. 2,8 ha und wurde zu Beginn des 17. Jahrhunderts für die Walkmühle aufgestaut, die zur Herstellung von Textilien diente. Der Landgraben durchquert den Teich sowohl in nördliche als auch südliche Richtung.

15 | Minen im Grenzabschnitt

Im Zusammenhang mit den Grenzsicherungsmaßnahmen kamen u. a. auch in ausgewählten Geländeabschnitten entsprechende Personenbodenminen zum Einsatz. Vorzugsweise handelte es sich dabei um Grenzabschnitte, die aufgrund der geographischen Verhältnisse für die Grenztruppen der DDR schwer einsehbar und überwachbar waren. Um dennoch etwaige Fluchten zu verhindern bzw. für eine erforderliche Abschreckung zu sorgen, wurden mehrere hundert Kilometer der Gesamtgrenze in definierten Räumen flächendeckend vermint. Grundsätzlich sind dabei die **Personenbodenminen** (Infanteriemine) und die **Splitterminen** (SM 70) an dem einreihigen Metallgitterzaun zum Einsatz gekommen. Die Abschreckung durch den angekündigten Einsatz von Personenminen hatte auch eine nicht zu unterschätzende **psychologische Wirkung**. Und diese bewusst geplanten Auswirkungen betrafen sowohl die Flüchtlinge als auch die im Einsatz gebundenen Angehörigen der Grenztruppen. Somit wurde der Hinweis der Lebensgefahr hinsichtlich des Aufenthaltes im Grenzgebiet bzw. der Sperrzone und Schutzstreifen mehr als verdeutlicht. Neben den ursprünglichen Holzkastenminen (sowjetische Produktion), die bereits im Koreakrieg zum Einsatz kamen, wurden diese aufgrund ihrer begrenzten Haltbarkeit (Verrottung) gegen die neuen Plastiksprengkörper ersetzt. In dem **Lübecker Grenzbereich** wurden bereits ab 1968 Minen in der Palinger Heide und fortlaufend in Richtung Wakenitz eingesetzt. Von Pioniereinheiten der Grenztruppen der DDR wurden auf 100m Grenzlinie 300 Minen flächig versetzt in das Erdreich eingebracht. Insgesamt wurden ca. 1,3 Millionen Minen im Schutzstreifen, welcher heute dem Grünen Band entspricht, zwischen den beiden Grenzzäunen verlegt. Im Bereich Lübeck waren ca. 40.000 Minen verlegt. Vielen Tieren aber auch flüchtenden Menschen sowie Grenzsoldaten wurden die Plastikminen zum Verhängnis. Vor dem Hintergrund politischer Verhandlungen Anfang der 1980er-Jahre zwischen dem bayerischen Freistaat in Gestalt des Ministerpräsidenten **Franz Josef Strauß** und der DDR bezüglich eines westdeutschen Milliardenkredits für die angeschlagene Ostwirtschaft, erfolgte eine entsprechende Abrüstung der Minen. Durch die Ratifizierung der UNO-Konvention über Verbote hinsichtlich konventioneller Waffen, die

übermäßige Verletzungen hervorrufen konnten, erfolgte durch die DDR vom 20. Juli 1982 eine Humanisierung der Grenze. Gleichwohl wurden ab diesem Zeitpunkt in der DDR verschärft Konzepte entwickelt, die entsprechende militärische Grenzsicherung weiter ins nicht einsehbare **Hinterland** zu verlagern. Eine **„High-Tech-Grenze-2000"** sollte gebaut werden. In diesem Zusammenhang sollten die bisherigen konventionellen und traditionellen Grenzüberwachungsmaßnahmen hin zu einer elektronischen Überwachung mit Bewegungs- und Sensorik- Technik (Infrarot- und Mikrowellenschranken) zukunftsweisend umgesetzt werden. Planerisch sollte dieser neue **„Grenzsicherungswall"** begrünt werden. Im Ergebnis kam die neue Technik nicht mehr zum Einsatz. Abschließend wurden die **Restminenbestände** jedoch erst nach der Wende entmilitarisiert. Dabei hatte die Bundesregierung bzw. das Bundesverteidigungsministerium ein großes Interesse daran, die damals eingesetzten Pioniere der NVA für diesen Auftrag zu nutzen. Jedoch musste festgestellt werden, nachdem frühere Verlege- und Räumprotokolle synchronisiert wurden, dass ein Fehlbestand bilanziert wurde. Bei den entsprechenden Räumarbeiten der Minen war es seitens der DDR das oberste Gebot, Auswirkungen auf das Bundesgebiet zu verhindern. Das bedeutet, dass keine Splitter auf bundesdeutsches Territorium erreichen durften. Die damals eingesetzten NVA-Räumpanzer wurden zu diesen Zwecken mit speziell dafür konzipierten Splitterfangeinrichtungen ausgestattet. Die **Dienstvorschrift 018/0/011** regelte die Minensperren der Grenztruppen der DDR. Danach waren die entsprechenden Minenfelder in einer variablen Dichte systematisch in einem Geländeabschnitt anzulegen. Eine entsprechende Dokumentation war zu führen. Grundsätzlich wurden diese Minenfelder in besonders gefährdeten und für die Grenztruppen schwer zu sichernden Geländeabschnitten eingerichtet.

NVA-Pioniere beim Verlegen der Personenminen

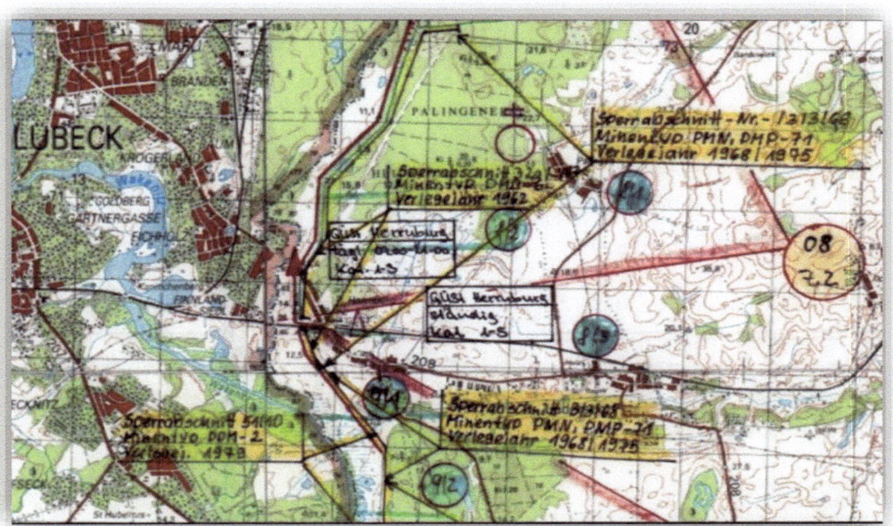

Darstellung der verlegten Minenkorridore ab 1962, östlich Lübeck

Viele dieser „vermissten" Minen wurden von Souvenirjägern aufgespürt und entwendet. Einige wurden auch aufgrund von Witterungsbedingungen in Feuchtgebieten unauffindbar weggespült. Aber auch Tiere, in diesem Fall Füchse, nahmen die Sprengkörper in der Größe eines Rauchmelders auf und verlegten sie an unbekannte Örtlichkeiten. Noch heute finden sich in den betroffenen Gebieten behördliche Hinweise in Bezug auf munitionsbelastete Areale.

Schriftliche Anfrage mit der Drucksachennummer: 12/4296 vom 05. Februar 1993 des damaligen **Lübecker Bundestagsabgeordneten Reinhold Hiller** (SPD) an den Deutschen Bundestag:

Geschäftsbereich des Bundesministeriums der Verteidigung

69. Abgeordneter
Reinhold
Hiller
(Lübeck)
(SPD)

Wann rechnet die Bundesregierung mit einer intensiven Räumung von Minen im ehemaligen Grenzstreifen zwischen der ehemaligen DDR und der Bundesrepublik Deutschland im Bereich Lübeck, besonders im Streckenabschnitt unmittelbar zwischen Speckmoor und der provisorischen Umgehungsstraße für Lübeck-Schlutup und im Bereich südlich davon, vor dessen Betreten gewarnt wird, damit die beiden Naherholungsgebiete Lauerholz und Palinger Heide erneut zu einem einheitlichen Naherholungsgebiet zusammenwachsen können?

Antwort des Parlamentarischen Staatssekretärs Bernd Wilz
vom 28. Januar 1993

Im Bereich Lübeck sind im Jahre 1992 an der ehemaligen innerdeutschen Grenze umfangreiche Abbau- und Minenräumarbeiten durchgeführt worden. Die Minennachsuche wird seit dem 18. Januar 1993 in diesem Bereich fortgesetzt. Nach der Planung der Gesellschaft zur Rekultivierung und Verwertung von Grundstücken, die mit der Minennachsuche und -räumung beauftragt worden ist, sollen die Sucharbeiten im gesamten Bereich Lübeck bis Mai/Juni 1993 abgeschlossen sein.

Anfänglich wurden an der Grenze **Holzkastenminen** eingesetzt, die aus sowjetischer Produktion stammten, und ihren ersten Einsatz im Koreakrieg erfuhren. Sie waren mit ca. 200 Gramm Sprengstoff TNT gefüllt. Da diese jedoch langfristig nicht witterungsbeständig waren, wurde ein Nachfolgemodell entwickelt, welches aus Kunststoff mit einer Sprengmenge von ca. 100 Gramm verfüllt war. Diese neue, nicht

verrottbare Mine (Presskörper) wurde bei der **VEB Chemiefabrik Kapen**, nahe Dessau an der Elbe, in geheimer Minenproduktion hergestellt. Die Sprengkörper sollten eine Lebensdauer von bis zu 100 Jahren haben. Diese frühere **Heeresmunitionsanstalt** fertigte im Krieg Granaten und chemische Kampfstoffe für die Wehrmacht und wurde umgangssprachlich auch „**Puddingfabrik**" genannt. Neben Handgranaten, Zündvorrichtungen und Landminen wurden aber auch die SM-70 für den Metallgitterzaun hergestellt. Der **VEB Chemiefabrik Kapen** galt in der DDR als Vorzeigebetrieb und produzierte auch für das Ausland im Sinne der Devisenbeschaffung. Im Gegenzug kostete der Betrieb der DDR Millionen in der Unterhaltung. Nach der Wiedervereinigung ab 1989 erfolgte die Abwicklung der ehemaligen Chemiefabrik. Danach siedelte sich auf dem Gelände ein Industriepark an.

16 | Schleifungen von Ortschaften

Bei der Ausrichtung des unmittelbaren Grenzgebietes zur Bundesrepublik Deutschland wurden Ortschaften und Gebäudeteile, die bei der Durchführung der Grenzsicherungsmaßnahmen sinnbildlich im Wege standen und somit bei der Aufgabenwahrnehmung störten, kurzerhand abgerissen bzw. geschleift. Mit diesen physikalischen Bereinigungen gingen jedoch auch Zwangsaussiedlungsmaßnahmen einher. Ortschaften konnten auch als un-

tergegangene Orte betrachtet werden. Im Bereich der Palinger Heide betraf das die Ortschaft Bardowiek. Heute ist lediglich das Trafohäuschen ein Überbleibsel der vergangenen Zeit. Im Jahr 1292 erstmals urkundlich erwähnt, wird das Dorf während des 30-jährigen Krie-

ges (1618-1648) zerstört und danach wieder aufgebaut. Im Gegensatz zur **Wüstung** bezieht sich die **Schleifung** auf den Abriss bzw. das Abtragen von Befestigungsanlagen.

Hintergrund waren kriegerische Auseinandersetzungen, bei denen Anlagen des jeweiligen Verlierers abgetragen wurden. Dabei handelte es sich um die vom Feind eroberten Liegenschaften, die eine Schwächung des Gegners bei ggf. erneuten Scharmützeln erzielen sollte. Dieses konnte auch durch z. B. Sprengungen erfolgen.

17 | Zwangsumsiedelungen in der Sperrzone

Die zuständigen Behörden, aber nicht zuletzt die **Sozialistische Einheitspartei Deutschlands** (SED) hatten natürlich ein elementares Interesse daran, dass nur politisch verlässliche Menschen im unmittelbaren Grenzraum lebten. So kam es bereits frühzeitig zu Evakuierungsmaßnahmen, um u. a. gewachsenen Freundschafts- und Verwandtschaftsverhältnissen in unmittelbarer Grenznähe zur Bundesrepublik und somit potenziellen Fluchten vorzubeugen. Im Rahmen von verschiedenen staatlichen Aktionen wurden **Zwangsumsiedlungen** im unmittelbaren Grenzgebiet der Sperrzone u. a. unter dem **Arbeitsnamen Ungeziefer** durchgeführt. Im Bereich Pötenitz waren von diesen Maßnahmen früher 13 und im Bereich Dassow 60 Personen mittelbar betroffen. Die Zwangsumgesiedelten waren somit **Vertriebene im eigenen Land** und fanden sich danach in anderen DDR-Bezirken, fern der Grenze, wieder. In den neuen Wohnräumen wurden diese sogenannten Grenzgänger nicht immer vorbehaltslos als Neubürger empfangen. Jahrhundertelange **Lebens- und Wohnkulturen** und **Heimatverbundenheit** wurden mit Füßen getreten. Oftmals wurde der eigentliche Grund für diese Entfernungen nicht mitgeteilt. Aber auch **Entnazifizierungen** wurden als Vorwand benutzt, um sich dieser unliebsamen Menschen und politischen Gegner zu entledigen. Die betroffenen Menschen mussten diese

Umsiedlungen aushalten, die ihnen oftmals nur mündlich mitgeteilt wurden und innerhalb von 48 Stunden umgesetzt werden mussten. Sie wurden von diesen Maßnahmen „überrumpelt". Erinnerungen an Deportationsmaßnahmen im nationalsozialistischen Deutschland werden dabei wach. Oft war es eine Fahrt ins Ungewisse. Viele vermuteten, die Fahrt ginge nach Sibirien.

18 | Palinger Heide

Die Palinger Heide ist ein ca. 3.200ha großes **Landschaftsschutzgebiet**. Dieses Areal liegt direkt im sogenannten **Lübecker Becken**. Darunter versteht man den ehemaligen Ort, an dem in der eiszeitlichen Vergangenheit ein großer Gletscher geschmolzen ist, dessen Schmelzwasser im Anschluss über die Travemündung und den Bereich des Hemmelsdorfer Sees in die Ostsee abfloss. Die Lübecker Innenstadt befindet sich im Zentrum dieses urzeitlichen Trichters. Aufgrund dieses geohistorischen Hintergrundes entstanden neben den nährstoffreichen **Sandböden** auch die angrenzenden Moorgebiete. Die Sandlandschaften bilden somit auch **Binnendünen**. Den vorherrschenden Oberflächenbewuchs bildet das bekannte

Heidekraut, welches aus dem Bereich der Lüneburger Heide hinreichend bekannt ist. Umrahmt von der Stepenitz-Niederung sowie den Stadteilen Schlutup und Eichholz und der Wakenitz wurde diese Lübeck-nahe Fläche im 18. Jahrhundert vom dem früheren **Infanterie-Regiment Lübeck 162** als Truppenübungsplatz genutzt. Diese Einheit war Bestandteil der Preußischen Armee, die während des 1. Weltkrieges an der Westfront im Bereich Noyon (Beginn des Stellungskrieges) beteiligt und eingesetzt war. Das Regiment

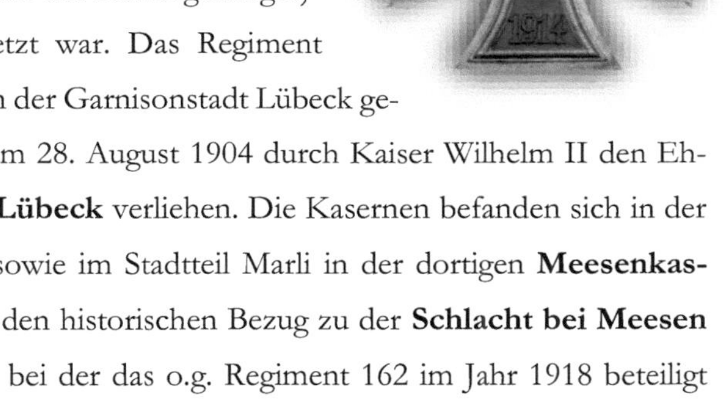

wurde im Jahr 1897 in der Garnisonstadt Lübeck gegründet und erhielt am 28. August 1904 durch Kaiser Wilhelm II den Ehrenname **Regiment Lübeck** verliehen. Die Kasernen befanden sich in der Fackenburger Allee sowie im Stadtteil Marli in der dortigen **Meesenkaserne**. Der Name hat den historischen Bezug zu der **Schlacht bei Meesen** in Flandern/Belgien, bei der das o.g. Regiment 162 im Jahr 1918 beteiligt war. Vor dem Hintergrund des Vertrages von Versailles und dem offiziellen Ende des Krieges wurde das Regiment 1919 aufgelöst.

Nach 1945 gehörte diese Landschaft zur DDR und somit zum Bezirk Rostock. Inmitten dieser wunderschönen Heidelandschaft verlief die inner-

deutsche Grenze. Die Palinger Heide war somit Bestandteil des Schutzstreifens, der im unmittelbaren Grenzgebiet eine Ausdehnung in der Tiefe von ca. 500m hatte. Neben den Grenzsicherungsanlagen verlief hier auch der sogenannte **Kolonnenweg**. Dieser wurde von den Grenztruppen der DDR als „Straße" im unmittelbaren Grenzgebiet genutzt. Markant dabei ist das Profil dieser Betonplatten, die ein auffälliges Lochmuster aufweisen. Dadurch konnten diese Elemente damals mittels entsprechender Fahrzeuge mit Kranaufbau passgenau und geländeabhängig verlegt werden. Heute ist die Palinger Heide ein gern genutztes **Naherholungsgebiet** direkt vor

den Toren der Hansestadt Lübeck, häufig kann man im Sommer sich auf dem ehemaligen Kolonnenweg aufwärmende **Kreuzottern** beobachten.

19 | Agentenschleusen

Grundsätzlich war das SED-Regime daran interessiert, dass ihre Bürger trotz offiziell verbriefter Freizügigkeit das Land nicht unkontrolliert verlassen konnten. Das bedeutete, dass es in den entsprechenden Grenzsperranlagen keine Lücken geben durfte. Dennoch hatte der Zaun bewusst geplante „Schlupflöcher". Und das in Form von sogenannten **operativen Grenzschleusen** (OPS). Man könnte diese geheimen baulichen Vorrichtungen auch **Agentenschleusen** oder **„Stasi-Tunnel"** nennen. Zielrichtung des **Ministeriums für Staatssicherheit** (MfS) war es dabei vordringlich, östlichen Agenten getarnt bzw. unentdeckt

den Zutritt zum Bundesgebiet zu ermöglichen. Diese ca. 60 Schleusen wurden sowohl an der innerdeutschen Grenze als auch in Berlin eingerichtet und genutzt. So boten diese Schleusen den Austausch von Personen und Material (u. a. Dokumente, Tonbänder und Filme) außerhalb der offiziellen Grenzübergangsstellen. Innerhalb der Hauptverwaltung 17 (Operative Grenzschleuse) des MfS beschäftigten sich bis zu 70 Mitarbeiter hauptamtlich mit diesen Einrichtungen. Diese Stellen wurden auch dazu genutzt, dass sich die entsprechend im Bundesgebiet operativ eingesetzten Agenten regelhaft mit ihren zuständigen Führungsoffizieren treffen konnten. Anfänglich dienten diese Einrichtungen auch zur Rückführung (Entführungen und Festnahmen) von Personen aus der Bundesrepublik in die DDR. Diese

Aufgaben wurden überwiegend von **Grenzschleusern,** die intern auch Grenz-IM (Inoffizieller Mitarbeiter) genannt wurden und in den grenznahen Orten wohnhaft waren, sich somit bestens im Gelände auskannten, durchgeführt. Die Grenzschleuser hatten u.a. den Auftrag, die grenznahen Ortschaften der Bundesrepublik hinsichtlich von Stadtplänen, öffentlichen Ge-

bäuden, Telefonbüchern, Zugverbindungen u.v.m. auszukundschaften. Um von den westlichen Grenzbeamten unerkannt zu bleiben, wurden diese Schleusen an unübersichtlichen und verdeckten Örtlichkeiten, häufig im Wald, installiert. Im Bereich Lübeck gab es eine solche Agentenschleuse in der Palinger Heide. Überwiegend wurden diese „Übergänge" zur Nachtzeit sowie nicht im Winter aufgrund auffallender Spuren im Schnee genutzt. Ebenso wurden in unmittelbaren Grenznähe seitens der DDR auch **„Tote**

Briefkästen" angelegt sowie **Wurfschleusen** bzw. **Wurfschneisen** eingerichtet und genutzt. In allen Fällen ging es um das Schleusen von **„Verrats-**

material". So ist bekannt, dass ein
bundesdeutscher Reserveoffizier im
Bereich des Priwall regelmäßig ent-
sprechende Ausspähungsaufträge des
MfS erhielt. Konkret ging es dabei um
das Ausspähen von Standorten und
Liegenschaften der Bundesmarine im
Bereich der Lübecker Bucht. Auch

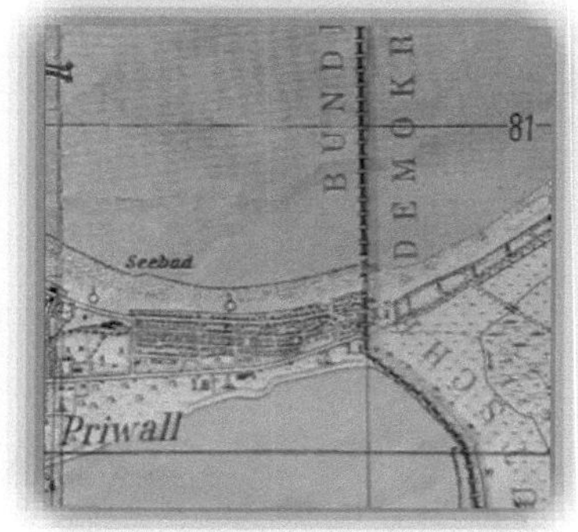

Fernmeldeeinrichtungen waren von besonderem Interesse. Im Auftrag sei-
nes Führungsoffiziers wurde das nahegelegene Gelände auf dem Priwall hinsichtlich einer geeigneten Übergabestelle für das Geheimdienstmaterial er-
kundet. Vorausgegangen war, dass dieser Geländeabschnitt seitens der
Grenztruppen der DDR als geeignet für derart operative Maßnahmen klas-
sifiziert wurde. Aufgrund der Geländegegebenheiten mit seinem üppigen
Bewuchs (Sanddornhecken) und einer Entfernung von max. 300m zwischen
dem eigentlichen Grenzverlauf und den Grenzsperranlagen war diese Naht-
stelle zwischen West und Ost als Wurfschneise prädestiniert. In Bierdosen
und ähnlich geeigneten Behältnissen wurden die jeweils gewonnenen Auf-
klärungsergebnisse direkt auf das vorgelagerte Hoheitsgebiet der DDR ge-
worfen. Da das Gelände schwer einsehbar war, konnten sich Grenzaufklärer
sowie Angehörige von Nachrichtendiensten unerkannt im unmittelbaren
Gelände zur Bundesrepublik bewegen und das entsprechende Material ber-
gen. Die Nutzung dieser Wurfschneise stellte aufgrund des geringen Entde-
ckungsrisikos eine sehr risikoarme Möglichkeit der Materialübergabe dar.

20 | Wakenitz

Die Wakenitz ist der Fluss ohne Quelle. Mit einer Gesamtlänge von ca. 15 km entspringt bzw. fließt sie aus dem **Ratzeburger See** und **Schaalsee** und schlängelt sich bis in die Hansestadt Lübeck, um nahe des Burgfeldes am dortigen Falkendamm aufgestaut zu werden, und im Rahmen von Regulierungsmaßnahmen durch Überflussrohre in die Kanaltrave abgeleitet zu werden. Räumlich vorgelagert findet eine Entwässerung jedoch auch bereits nahe der Moltkebrücke am sogenannten **Düker** statt. Aufgrund der Lage als „Grenzfluss" zu damaligen DDR-Grenze, die am Ostufer der Wakenitz verlief, konnte sich im Laufe der Jahrzehnte eine vielfältige, ungestörte **Tier-** und **Pflanzenwelt** entwickeln. Neben einer einzigartigen Flora, können z.B. auch Eisvogel, Rotmilan (Gabelweihe) und vieles mehr im natürlichen Lebensraum beobachtet werden. Dadurch hat sich das Gewässer zum **„Amazonas des Nordens"** entwickelt. Auch in diesen Gebieten haben sich die **Elb- und Ostseeslawen** niedergelassen. Wakenitz bedeutet aus dem Slawischen übersetzt **„Barsch-Fluss".** Der Flusslauf wird seit Jahren von Touristenschiffen befahren, die regelhaft zwischen der Lübecker Moltkebrücke und Rothenhusen verkehren, mit optionaler Umsteigemöglichkeit weiter in Richtung Ratzeburg. Von Rothenhusen bis nach Lübeck besteht ein Flussgefälle von ca. 4,60m.

21 | Nandus an der Grenze

Drei Nandupärchen dieser flugunfähigen Vögel, lat.: **Rhea americana**, mit einer Körperhöhe bis zu 1,40m und einem Gewicht bis zu 35kg, konnten im Jahr 2000 aus einem Privatzuchtgehege aus **Groß Grönau** ausbrechen. Der Nandu gehört zu den Laufvögeln mit einer Geschwindigkeit bis zu 50km/h und hat seine ursprüngliche Heimat in den Steppen- und Savannengebieten **Südamerikas**. Die Tiere konnten bei diesem „Fluchtversuch" von West nach Ost die nahegelegene Wakenitz überwinden und halten sich nunmehr östlich des Flusses im benachbarten Mecklenburg-

Vorpommern aus. Nach vorläufigen Schätzungen verfügte die Population Anfang 2019 über annähernd 362 Tiere, die eigenverantwortlich und selbstbestimmt in der Region leben. Gemäß dem **Bundesnaturgesetz** genießen die Tiere einen besonderen behördlichen Schutz. Gleichwohl ist aktuell festzustellen, dass sich die Bestände mit einer abnehmenden Tendenz reduzieren. Im Zusammenhang mit den Problemen der Landwirtschaft, die die Tiere verursachen, erfolgte eine behördliche Freigabe

zum Abschuss einzelner Tiere. Grundsätzlich sind die Tiere geschützt, in Mecklenburg-Vorpommern gibt es jedoch eine Ausnamegenehmigung.

22 | Herrnburg

Im Rahmen des **Transitverkehrs** zwischen Ost und West konnten nur die offiziellen Grenzübergangsstellen genutzt werden. Neben Übergängen für den Pkw/Lkw-Straßenverkehr wurden auch Übergänge für den Schiffs- sowie Bahnverkehr betrieben. Nachdem der Betrieb des Personenverkehrs nach 1945 zwischen der britischen und sowjetischen Besatzungszone direkt zu Erliegen kam, konsolidierte sich dieser im Rahmen der Einführung des Interzonenpasses.

Diese Aufnahme zeigt oben in Blickrichtung Lübeck. Gut zu erkennen ist links und rechts entlang der Bahntrasse der flankierende einreihige Metallgitterzaun als erstes Grenzsperrelement

Bis zur Berlin-Blockade 48/49 sollten sich jedoch die Verkehre wieder zurückentwickeln. Neben dem Straßenübergang in Lübeck-Schlutup/Selmsdorf gab es in Herrnburg die Bahnlinie Lübeck-Bad Kleinen, dessen Bahnhof ein Grenzbahnhof für **Interzonenzüge** darstellte. Der Grenzbahnhof hatte die Bezeichnung **GüSt** (Grenzübergangsstelle) **Herrnburg.** Diese Züge waren Reisezüge zwischen der Bundesrepublik Deutschland und der DDR bzw. Berlin. Sie wurden damals zu einem großen Teil von Personen benutzt, die das Rentenalter bereits erreicht hatten. Demnach wurden sie auch spöttisch **„Silberhaar- oder Mumienexpress"** genannt. Bahnbenutzter aus der DDR benötigten anfänglich einen sogenannten Interzonenpass und später eine Ausreisegenehmigung der DDR. In den Zügen wurden von den DDR-Grenzorganen zeitintensive Kontrollen durchgeführt. In entsprechender Grenznähe war die **DDR-Transportpolizei** (TraPo) das zuständige Kontrollorgan. Durch ein Transitabkommen wurden die aufwendigen Kontrollmaßnahmen auf eine erforderliche Passkontrolle beschränkt. Baulich waren die Bahnhofsbereich pioniertechnisch gesichert, so dass mögliche Fluchten verhindert werden konnten.

23 | Fischerhorste

Entlang der Wakenitz gab es früher bis zu 16 einzelne **Fischerhorste**. Sie waren beidseitig der Wakenitz angesiedelt. Unter dem Begriff eines Horstes verstand man eine **Siedlungsstätte** für die damaligen Fischer. Dabei standen diese Behausungen in den moorreichen Gebieten an der Wakenitz auf kleinen aufgeworfenen Hügeln zum Schutz vor den umliegenden Feuchtgebieten. Seit dem 12. Jahrhundert ging der Besitz und die Nutzungsrechte der Wakenitz auf die Hansestadt Lübeck bzw. deren Stadtfischer über.

Ursprünglich hatten die traditionellen Fischer im Lübecker Stadtgebiet ihre entsprechenden Wohnsitze. Um Zeit auf dem Weg zur Arbeitsstelle zu sparen, wurden diese Horste im Sinne einer Dependance für die Fischer direkt vor Ort an der Wakenitz errichtet. Oftmals wurde die gesamte Woche dann draußen in den Horsten verbracht. Diese Wakenitzhorste entstanden baulich aus den früheren Fischerbuden. Sie hatten in der Regel eine kleine Grundfläche von 4m x 4m und waren im Fachwerkstil aufgebaut.

Nachdem 1937 das **Groß-Hamburg-Gesetz** von den Nationalsozialisten verabschiedet wurde, fanden sich die östlich der Wakenitz gelegenen Horste im Land Mecklenburg wieder.

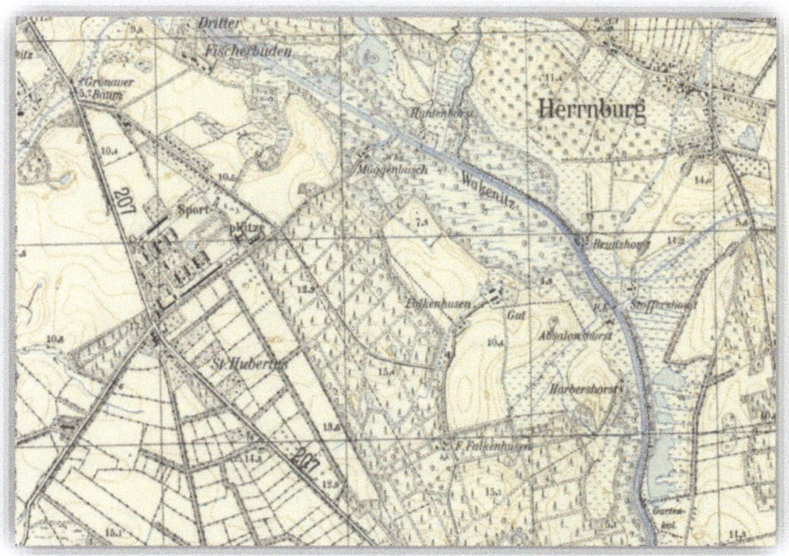

Die bekanntesten Horste waren **Huntenhorst**, **Absalonshorst**, **Bruns-horst** sowie **Stoffershorst**. Interessant in diesem Zusammenhang, dass sich die Horst-Namen überwiegend an den ehemaligen Namen der Bewohner orientierten. So ist beispielsweise überliefert, dass in Bezug auf den Stoffer-shorst ein gewisser **Hans Georg Christopher-genannt Stoffers** (1781 - 1860) seit dem Jahr 1814 letzter Eigentümer war. Eine Ausnahme in dieser Reihung bildete **Nädlershorst**, der aus einem Fährhaus entstand sowie **Zie-gelhorst**, welcher aus einer Ziegelei entstand. Die Horste östlich der Wake-nitz gehörten historisch zum Lübecker Stadtgebiet und wurden von der

kirchlichen Zuständigkeit der **Gemeinde St. Aegidien** in der Lübecker Innenstadt betreut. Aber die Bewohner nutzten allzu oft die kürzeren Wege
zur Gemeinde im nahegelegenen Herrnburg.

24 | Groß Hamburg Gesetz

Hauptziel Adolf Hitlers war es seinerzeit, Hamburg durch Angliederung benachbarter Kreise und Städte volkswirtschaftlich zu stärken und zu erweitern. U.a. waren davon die bisher selbstständigen Städte **Altona, Wandsbek, Bergedorf** sowie die ehemaligen Gemeinden **Billstedt, Lokstedt** und
Finkenwerder betroffen. Die Gesamtfläche und Bevölkerungszahl der
Stadt erweiterte sich daraufhin deutlich. Die Stadt Geesthacht und Teile von
Cuxhaven, die früher zu Hamburg gehörten, fielen im Gegenzug an

Preußen. Hintergrund waren die strategischen Planungen der Nationalsozialisten im Hinblick auf eine **leistungsstarke Wirtschaftsmetropole Hamburg** für die anstehenden Kriegsvorbereitungen. Diese Neuregelung hatte

jedoch auch Auswirkungen auf Lübeck, welches ein Teil ihrer bisherigen traditionellen Eigenständigkeit verlor und nun der preußischen Provinz Schleswig-Holstein zugeschlagen wurde. Territoriale Exklaven, die bisher zu Lübeck gehörten, wurden fortan zu angrenzenden Länder z.B. Mecklenburg verwaltungstechnisch zugeordnet. Interessant in diesem historischen Kontext, dass eine Revidierung dieses Gesetzes nach 1945 vor dem Bundesverfassungsgericht scheiterte. Während die Briten einer Aufhebung des Gesetzes positiv gegenüberstanden, weil dadurch die Wirtschaftskraft erheblich geschwächt hätte werden können, konnte sich der Hamburgische Senat unter **Bürgermeister Max Brauer** dem erfolgreich widersetzen und eine erfolgreiche Wirtschaftspolitik der Stadt Hamburg fortsetzen.

Der Ort Schattin lag in unmittelbarer Nähe der Wakenitz und befand sich somit in der Grenzphilosophie der DDR im Sperrgebiet bzw. der Sperrzone. Neben den Wohnhäusern und Höfen war dort eine Grenzkompanie ansässig. In der Dislozierung der Grenztruppen der DDR bildete sie die **10. Grenzkompanie** des Regimentes in Schönberg ab. Dabei handelte sich um eine **Hinterlandkompanie**, welche den Sicherungsauftrag der Staatsgrenze West in Richtung Hinterland gewährleistete. Im Gegensatz dazu gab es Linienkompanien, die direkt an der Grenzlinie in Richtung Westen wirkten. Weiterhin befand sich der damaligen militärischen Liegenschaft auch eine **Funkaufklärereinheit**. Nach der Wende ab 1992 wurde der Gebäudekomplex von dem bekannten Lübecker Gastonomen **Manne Langmaack**, der vorher erfolgreich den Lübecker Ratskeller übernommen. Aus dem ehemaligen Kasernengebäude wurde das **Waldhotel Schattin**, welches jedoch aufgrund seiner

Unwirtschaftlichkeit bereits nach 10 Jahren wieder schloss. Weiterhin gehörte Schattin zu einer Reihe von historischen Rundlingdörfern. Ein **Rundlingsdorf** bzw. ein **Rundling** bezieht sich auf die Anordnungsform der Häuser einer entsprechenden frühzeitlichen Siedlung. Dabei wurden die Behausungen keilförmig in zu einem Mittelpunkt zusammenlaufenden Formation errichtet. Bei den Siedlern handelte sich überwiegend um slawische Bewohner. Die Rundlinge wurden an erhöhten Stellen und in der Nähe von Gewässern aufgebaut. Diese Siedlungsform bot eine sehr bauliche Geschlossenheit. Auch im Wendland (östliches Niedersachsen) gibt es noch eine Vielzahl dieser Dörfer mit dem charakteristischen Grundriss.

bildrechte skyimages lüneburg

26 | Lenschow

Die Ortschaft Lenschow erfuhr zur Zeit der deutschen Teilung ein vergleichbares Schicksal, wie die bereits erwähnte Ortschaft Bardowiek nördlich der Palinger Heide. Auch Lenschow deutet zweifelsfrei auf eine frühere slawische Besiedlung hin und wurde im Rahmen der durchgeführten Grenzsicherungsmaßnahmen des Grenzregimes der DDR systematisch zerstört und anschließend geräumt (geschleift). Heute erinnert lediglich ein Gedenkstein an die Lage des ehemaligen Ortes mit deren damaligen Wohn- und Stallgebäuden nahe der Wakenitzniederung. Anfang Mai 1945 wurde die Gebiete nördlich und östlich der Wakenitz zunächst von britisch-schottischen Infanterieverbänden besetzt, die jedoch ab

Ende Juni 1945 diese Gebiete vertragsgemäß an die Russen übergaben. Auch in Lenschow wurden anfänglich Zwangsumsiedlungen durchgesetzt; Fluchtaktionen von Einwohnern in den Westen fanden ebenfalls statt. Heute finden regelmäßig politische Gedenkveranstaltungen am Ort des Geschehens statt.

Rothenhusen schließt diese Reise ab. Die ursprüngliche **mittelalterliche Zollstation** der Hansestadt Lübeck auf der kleinen Insel schließt direkt an den **Ratzeburger See** und den Ausfluss der **Wakenitz** an. Die ursprüngliche Befestigung diente der Abwehr von Angriffen der Herzöge aus Sachsen/Lauenburg.

Während der deutsch-deutschen Teilung lag dieses kleine Eiland direkt gegenüber der Grenze. Nachweislich haben hier auch Grenzfluchten aus der DDR über die Wakenitz stattgefunden.

Im September 1983 gelang zwei ehemaigen **Grenztruppenangehörigen** im Bereich **Campow** die Flucht über die Grenzserranlagen direkt an den Ratzeburger See. In nördlche Richtung

gehend erreichten beide schließlich den Wakenitzeinfluss gegenüber Rothenhusen. Beide schwammen durch die Wakenitz und konnten glücklicherweise das rettenden westliche Ufer unbeschadet erreichen. Unterstützt wurden sie jedoch dabei von **„Piero" Basteri,** dem damaligen und langjährigen Pächter und Kult-Wirt des Fährhauses Rothenhusen.

Der Autor bietet nach seiner aktiven Dienstzeit beim damaligen Bundesgrenzschutz und im Anschluss bis zur Pensionierung bei der Polizei Hamburg in Travemünde und Umgebung seit 2023 den sogenannten **Grenzspaziergang** an. Dabei wird Geschichte zur damaligen innerdeutschen Grenze direkt und unmittelbar vor der Haustür bzw. am Strand vermittelt.

Neben den **Grenzspaziergängen** werden auch **Grenzradtouren** angeboten.

Weitere Touren sowie Publikationen sind in Planung.

Bisher erschienen sind die Bücher:

Die vergessene Grenze am Priwall Strand unter

ISBN: 978-3-75040-758-9

Die Grenzradtour unter

ISBN: 978-3-75832-898-5

Viel Spaß beim Entdecken!